让相遇成为美丽

重建孩子的世界

邵长宇 著

人民日报出版社

专家推荐团

张信荣　北京大学教授
肖　川　北京师范大学教授
赵　刚　东北师范大学家庭教育研究院院长
宗春山　国务院妇女儿童工作委员会办公室儿童智库专家、北京青少年法律与心理咨询服务中心主任
霍雨佳　中国儿童中心家庭教育部部长、中国家庭教育学会北京培训基地负责人
曹　专　北京生命教育科普促进会常务副会长、秘书长
金　琰　山东潍坊行知家庭教育中心主任
张德聪　台湾师范大学教育心理与辅导研究所博士、台湾张老师基金会原董事长

| 序言 |

让教育再生长

肖川

问题孩子，顾名思义是指在师长眼里有着不良行为习惯且屡教不改的孩子，长期因为各种问题不能健康成长。近几年，越来越多的家长发现自己生了一个问题孩子，有着家庭教育的种种困惑。一般来说，问题孩子有多种复杂问题，具体表现为行为叛逆、上网成瘾、厌学逃学、早恋、自闭、对亲情冷漠、经常性打架甚至有自杀倾向等。对于问题特别严重的孩子，如果不对其进行及时有效的教育，那么问题孩子很有可能走上不归路。

本书作者邵长宇老师来自教育教学第一线，他以敏锐的眼光、缜密的思考和独特的视角叙事，写出了大量反映问题学生教育的故事。邵老师认为，"问题学生"不是生来就是"问题学生"，只是在成长过程中，受到来自家庭、学校及社会方方面面的负面影响而最终形成了自己现有的问题。

首先，家庭教育的失误，是导致问题孩子产生的首要原因。

有这样一个观点："每一种性格的缺陷都是由童年的不幸造成的。"家庭教育如果出现缺陷，对孩子的影响可能不只是当时的情绪，而是一辈子的性格。家庭是教育最容易出错的地方，父母是最容易犯错的老师。邵长宇老师笔下，这样的例子比比皆是。《爸爸，我们家好冷》中的王凡，爸爸婚姻出轨，他和爷爷奶奶生活在一起，妈妈只知拼命挣钱养家，无暇照顾孩子，"把能有的一点儿时间都盯在了孩子的分数上"，导致王凡孤独、自卑、厌学。这是当下单亲家庭和留守儿童的典型写照。《谁夺走了我的"初吻"》中的娟"没有父爱，没有亲情，缺少了被关注，遗忘了被疼爱，她何以找到属于自己的那份爱，何以找到那份属于自己的温暖？只有去寻找父母、家庭之外的关爱"，最终导致早恋。单亲家庭的孩子往往因缺少父爱或母爱而导致心理失衡。他们常常感到孤独、忧虑、失望，往往情绪低沉，心情浮躁，性格孤僻。这种心态如不及时矫正，久而久之，就会使孩子性格扭曲，心理变态。《爸爸去哪儿》中的三个少年更是情绪失控，弑母杀人，走上了犯罪的道路。

另外，现在有一个词叫"伪单亲家庭"，说的是有太多的家庭有爸爸缺席教育的问题。父亲在外拼命赚钱，原本是希望孩子拥有更好的未来，但不承想，因为父爱的缺失，反而使孩子充满不安全感，会紧张，会焦虑。

主要由家庭承担的幼年教育，绝不仅仅是为孩子今后的发展做准备，这一人生阶段本身就有非常重要的意义，是真正的人的形成过程。家庭是真正的人诞生的摇篮。

其次，社会教育的失效，是导致问题孩子产生的间接原因。

社会教育失效的主要表现，一是社会道德教育的失效。根本原因在于社会相关职能部门未对各种娱乐场所进行有效地控制，比如网吧不遵守规定对未成年人开放，有的甚至进行恶意诱导等。《打"龙"记》中的小龙，《查杀孩子生命成长的"病毒"——网瘾》中的晏恒、小文、小蒋无一不是网络惹的祸。二是当今社会风气、社会思潮潜移默化地对青少年的影响，诱发了问题孩子的产生。比如《化解孩子生命成长的"忧喜了"——二胎》中，郝强的"二胎焦虑症"反映了当前社会"二胎热"带来的儿童心理问题和如何平衡家庭中子女之间的矛盾问题。又如《是老师的无能，还是教育的悲哀》一文反映了今天的教育失去了惩戒功能，刘伟对老师的教育不屑一顾，公然暴打老师。学生打老师事件屡见报端，且呈上升趋势，一时之间，教师成了高危职业。

再次，学校教育的失当，是导致问题孩子产生的直接原因。

在应试教育的驱使下，学校最关心的是学生的考试分数。在不断给孩子增加学习压力的同时，忽视了对孩子道德品质和心理素质的教化和提升。成绩出现波动的孩子必然会受到来自学校、老师和家长的责难。无法承受来自各方面压力的孩子便通过各种方式与家庭、学校抗衡，结果导致恶性循环，成绩一降再降，最终造成学业的失败，从而诱发各种问题的产生。《要不要给赵泽伟点上一支蜡烛》中的赵泽伟只因上学期间遭受侮辱，13年后回到学校竟拿起屠刀，疯狂地杀戮，用无辜者的鲜血来祭自己的尊严。《徐玉玉，让教育长大》中，"高中生压力大、抑郁、离家出走、自杀的新闻报道屡见各种媒体"。"当你有了分数，却丢失了生命，再高的分数又有何用？""寒窗苦读换来的是一曲曲泣血的悲歌，辛苦养育结局是一场场无情的葬礼。"这些现象或结果，留给了家庭和社会永远的伤痛。

"教育有法，教无定法。"教育学生是非常复杂的工作，"问题学生"的教育更是如此。本书每篇文章选取的案例，大都是作者亲身经历的事件。针对这些不同类型学生的心理特点，作者不是抽象地谈理论，而是在深入分析的基础上，重点提出了解决问题的策略、途径和方法，特别适合中小学教师、班主任尤其是家长学习借鉴。

杜威曾提出"教育即生长"的理论，其根本目的在于，将儿童从被动的、压抑的状态下解放出来。要求尊重儿童，使一切教育和教学适于儿童的心理发展水平和兴趣、需要的要求，但这种尊重绝不是放纵。杜威提出生长论，要求让儿童得到充分的发展，要求建立新型的师生关系，要求尊重儿童。人的生长不是个体的单独"生长"，而是在社会环境中"共生"发展。因此，人的生长既离不开自然环境，更离不开家庭社会环境以及后天的教育促进。

教育是生长，是对生命的再创造，更是有意义的再生长。

如何让问题不再发生？

书中也许会告诉你答案。

是为序。

2018 年 7 月 5 日

（序作者为北京师范大学教授）

目 录
CONTENTS

01	搬开孩子生命成长的"绊脚石"——单亲 / 001
02	查杀孩子生命成长的"病毒"——网瘾 / 006
03	化解孩子生命成长的"忧喜了"——二胎 / 011
04	掀开孩子生命成长的"红盖头"——早恋 / 017
05	清除孩子生命成长的"拦路虎"——自杀 / 022
06	爸爸,我们家好冷 / 027
07	爸爸妈妈,我多想变成你们的手机 / 033
08	要不要给赵泽伟点上一支蜡烛 / 039
09	别过来!你再走一步我就跳下去 / 044
10	打"龙"记 / 050
11	贩卖希望 / 057
12	你是我的眼 / 062
13	老师,请给我一次机会好吗 / 067
14	坚强的阿妹 / 071
15	给她一个出口 / 075
16	坠落凡间的星辰 / 081

17	小伙子，你早恋了 /085
18	约会 /089
19	人在希望在 /093
20	让我们一起陪着他前行 /097
21	教育的路就是生命的路 /102
22	谁夺走了我的"初吻" /105
23	清窝 /110
24	是老师的无能，还是教育的悲哀 /116
25	爸爸去哪儿了 /121
26	看脸色"行事" /125
27	如何抚平 2600 元医疗费的"心灵创伤" /129
28	妈妈不要求你考第一 /132
29	孩子，别逼妈妈来上学 /137
30	教育的味道 /143
31	教育的心情 /148
32	打 Call，教育的呼唤 /154
33	校长室的"冲突" /160
34	徐玉玉，让教育长大 /167
35	我，在哪里 /174
36	教育就是唤醒生命的一瓢引水 /180

目 录

37 教育就是让孩子获取生命幸福 / 186

38 教育就是让孩子找到生命的主场 / 191

39 分数在你们的眼里就那么重要吗？ / 196

40 别让青春止于舌尖 / 201

41 盗中"道" / 205

42 施教与养育 / 211

43 送给孩子一生随行的能力（品质）之规矩 / 215

44 送给孩子一生随行的能力（品质）之习惯 / 221

45 送给孩子一生随行的能力（品质）之责任 / 226

46 送给孩子一生随行的能力（品质）之友善 / 231

47 送给孩子一生随行的能力（品质）之抗挫 / 237

48 送给孩子一生随行的能力（品质）之沟通 / 243

01 | 搬开孩子生命成长的"绊脚石"
——单亲

近日,一少年刘某因不想回班写作业而弑师的消息引起社会的关注,教育再一次站到了舆论的风口,成为议论的焦点。我们的教育应该怎么办?老师应该怎么教育孩子?家长应该怎么管理孩子?社会在这些问题上承担哪些责任?

问题背后的问题确实值得我们思考。

据报道,此事发生在某市一所高中,班主任老师准备让学生在教室写完作业后放假,刘某不想写,就去办公室找老师说他不写,老师称不写就要他转班,刘某就拿他随身携带的匕首来到办公室捅向老师的脖子,老师经抢救无效死亡。

据介绍,刘某今年16岁,正是花好年华,成绩优秀,在班上第一名,全年级第十名左右。如果不出意外,绝对能考个好学校。可现在,意外就这么意外地来了,不仅毁了老师一家,也害了自己和父母。

什么原因驱使这个孩子竟然舞起利刃刺向了一日为师终身为父的老师？什么奇耻大辱逼迫孩子走到了非以死相向的绝境？仅仅几秒的时间，换来了生与死的诀别。

通过媒体报道，我们注意到几个细节。

刘某有些孤僻，沉默寡言，没有什么朋友。他平时爱在成绩不太好的同学面前炫耀自己又考高了多少分，但几乎不和成绩好的同学交流。他是个离异家庭的孩子。

去年，湖南12岁侄子杀死姑姑一家3人案震惊社会，甚至引起了中央政法委和教育部的重视。这起案件的起因，至今解读为：行凶者肖志（化名）从小父母离异，缺乏家庭温暖，不服姑姑的管教。而在案件背后，贪玩、打架、偷家长的钱、在校爱犯错误、爱攀比、沉迷网络游戏、杀人等将他刻画得相当可恨；父母离异、继母的区别对待、同学对他的嘲笑又将肖志刻画得相当可怜，这就是一个未成年人的矛盾人生。

单亲孩子，矛盾人生。

家长人生的逆向转身换来的是孩子一辈子的心伤；父母婚约的颜色改变改掉的是孩子一生的幸福。心离让孩子背负了无法言说的痛；别异让孩子延续了无以名状的苦。

单亲从何而来？

最新数据显示，2017年上半年全国各级民政部门和婚姻登记机构共依法办理离婚登记185.6万对，比2016年同期上升10.3%，这就意味着每天有10100多个离异家庭产生。重庆市婚姻登记收养管理中心提供的数据显示，当地离结比一直保持在1∶3，如果换个方式去理解，就是每 3 个人结婚了，就会有 1 个人离婚。相关数据显示我国离婚率连续 10 年上升，1～2 人的微型家庭大幅增加，3～4 人小型家庭明显减少。单亲家庭比例逐年上升，多达 2300 余万户，大多以离异为主，70% 为单亲母亲家庭。

一个个单亲家庭，就有一个个单亲孩子。

中学时期是孩子心身发育成长的关键时期，这一时期本身就不同程度地存在各种心理困扰和障碍，影响其健康发展，离异家庭环境则又增添了他们的心理困扰和障碍，如果不及时采取教育措施，加以引导教育，很容易误入歧途。

美国哈佛大学有一个对单亲家庭的研究，表明 90% 以上的儿童问题与父亲教育的缺失有关。而美国父道组织的调查数据则显示，70% 的少年犯出自单亲家庭，美国 60% 的强奸犯、72% 的少年凶杀犯、70% 的长期服役犯人来自无父家庭，90% 的无家可归和离家出走的孩子来自无父家庭，戒毒中心有 75% 的青少年来自无父家庭，80% 的强奸犯的犯罪动机来源于无父家庭转移的愤怒。

离异单亲家庭由于家庭环境的突变，性别角色的缺失，打破了孩子生命成长和心理预期的天平，这种偏异失衡的成长环境极易生发不良的心理问题。一是情绪情感障碍。父母离异、家庭破裂会导致子女情绪情感受到不良影响，发展出现障碍，时常表现出暴躁易怒、冷漠孤独、焦虑、恐惧自责等不良情绪。二是性格方面的缺陷。父母离婚给孩子造成的危害，远比父母一方因死亡形成的单亲家庭严重得多，研究表明，离异单亲家庭中的孩子容易产生自卑、孤僻、粗暴、偏激等性格缺陷。三是人际交往能力缺失。离异单亲家庭孩子在社交兴趣、信任他人、交往频率、家庭亲密度和情感距离等方面较差，社会性也没有得到良好的发展。遗弃感、挫折感影响着他们不想不敢敞开心扉地交流。

单亲成为孩子生命成长的绊脚石，如何搬开？

单就意味着缺。缺位的是家庭关系中的角色，缺失的是生命成长中的情感。关系是人生成长的网络，家庭关系更是孩子成长的重要链条，不可或缺。这种关系是由父亲、母亲和孩子架构的生命三角关系链，是一条生命关系链、血缘关系链、成长关系链，每个链条血脉相连，不可分割，是唯一的、一生的，更是其他关系不可替代的，是滋润滋养生命成长的重要元素。缺位就要弥补角色的空隙，缺失就要填充情感的空间。单亲妈妈或者单亲爸爸能做的就是不要让这个生命关系链缺角少边，尽力融合家庭的关系，构建完整的家庭关系链，即使不是原生的，也要让再建的关系链重新生发饱满的血缘和情感，畅通孩子生命的链接。

单就意味着孤——心理的孤寂，情感的孤单。这种"孤"犹如一座山，不仅挡住了孩子成长的路，也压倒了孩子那颗幼小的心。离异单亲家庭学生的心理问题是多种因素共同作用的结果，家庭、学校、社会都应同心相向，化解孩子心中的焦虑，打通孩子成长的障碍，建立独立的支持系统，一起搬开挡在孩子面前的"绊脚石"。要帮助学生克服因家庭破损带来的不良影响，让他们拥有健康的心理，那么心理补偿教育就显得更加重要。要有针对性开展心理、挫折、补爱教育和人际沟通教育，让孩子融入集体生活，消除他们的排斥心理，要发现他们的闪光点，长养他们的自信。要给单亲孩子建立帮教档案，贴心教育，在生活上关心、情感上关怀他们，让他们养成健康的人格。

说到这里，我们不能不正视一点，那就是单亲家庭孩子并不是像我们想象的那样，都是问题孩子。我们发现，单亲家庭对子女的影响是复杂的、多方面的，就子女教育而言，单亲家庭就有特殊的教育优势。所以，引导教育单亲孩子重要的一条就是把这种家庭结构缺失的劣势变为教育的优势。单亲家庭子女成才，是历史上不可忽视的现象。在我国历史上，有一个重要的教育现象：寡居的母亲抚育孤子成才。比如孔子、孟子、陶渊明、欧阳修等历史上的杰出人物，现当代作家中如鲁迅、胡适、郁达夫、巴金等都是从小丧父，寡母将其拉扯大。从他们来看，单亲家庭起到了正面的作用，成为其成才的有利因素。他们从小就面对饥饿和困苦、挫折和打击，在逆境中成长，在逆风中飞扬，较早具有了自立、自主的意识，形成了自促奋进的性格，树立了改变命运、立志成才的梦想，从而在历史长河中留下了光辉的一页。

单亲，把它看作老天对你的不公就是"绊脚石"，把它当作上帝送给你的礼物就是"垫脚石"。

教育，可以让不幸的"绊脚石"变成幸福的"垫脚石"。

02 | 查杀孩子生命成长的"病毒"
——网瘾

"我是一个机器人,只要输入程序,我就照做。曾经,我的主人无论吩咐我什么,我都乖乖去做,风雨无阻,在他们眼中,我是一个好机器人。转眼之间十几年过去了,很不幸,我已经感染了病毒,我开始不听使唤,无论主人输入任何修复程序,都无法将我修复,主人手足无措了,他们将我的所有程序删除一空,无论好坏。"

这是一个孩子的内心独白,短短120多字,真实地表达了他曾经隐秘的内心世界和复杂的思想情感,也诉说了一个少年曲折的心路历程。

这个孩子叫晏恒(化名),是一名高三的学生,已经辍学一个月。就如他自己所说:他已经感染了"病毒"——网瘾,即使再强大的杀毒软件,对他都无济于事。"病毒"慢慢浸染了他整个机体,他彻底败在了与"病毒"抗争的道路上,一个高三学生的生命轨迹就这样被"病毒"轻易地改变了。

02 ▶ 查杀孩子生命成长的"病毒"——网瘾

网瘾"病毒"在孩子面前从不手软,也毫不吝啬地"眷顾"每个孩子。一旦感染就如外来物种入侵一样,完全打破了孩子生命成长的心理生理的生态平衡,修复起来要付出高昂的代价。

都是网络惹的祸!南京一名21岁的女子在一家网吧里玩游戏时产下一名女婴。她不愿提及家人,更不愿透露孩子的父亲,只是一个劲儿地掉眼泪。这名女子痴迷游戏,拿分娩当儿戏,暴露了自控力差、行为幼稚的"瘾患"。临近年关,湖北谷城一家网吧,妈妈拉起正在上网的少年小文,小文不愿离开,妈妈又将父亲叫进网吧,小文仍执意不回。愤怒的父亲给了儿子一拳,并称要用绳子捆小文回家。父子在网吧发生了争执。突然,小文抽出一把刀向父亲猛刺数刀,其中一刀正刺中心脏,父亲不治身亡。家住苍南的金女士收到一条神秘短信:"你儿子失踪很多天了,他在我们手上,赶紧汇款800元,还清你儿子的欠款,否则,他会有生命危险。"在警方的协助下,金女士假装答应绑匪的条件,然而,在接头地点出现的"绑匪"——一个十四五岁的学生却让她大跌眼镜。在"绑匪"的带领下,金女士和民警一起来到一家游戏厅,只见金女士的儿子小蒋正坐在游戏机前,全神贯注地操纵着游戏中的人物,小蒋面无表情地承认,这起"绑架案"完全是他自导自演的。

从网吧内"分娩"、痴网弑父到荒唐"绑匪"……一个个真实的典型案例昭示了"病毒"的无情,似乎也在控诉网瘾的不赦之罪。网络是青少年成长路上的一张大网,一张无边无际的网,它在静静等待走向它的每个生命。你稍不留神,它就会在你成长的血液里埋下"瘾毒";你一旦犹豫,就会轻易地被困在网中央;你意志力稍差，就会越陷越深越迷惘，"瘾路"越走越远越漫长。

　　网瘾一直是专家们争论的话题。而且，现今我们必须正视的是，网瘾已经影响青少年的生命健康成长，是我们必须面对、亟待解决的一个教育课题和社会难题。自从有了网瘾这个现象以后，人们就试图了解导致网瘾的因素。通过案例分析，我们可以理出这么几条原因。一是游戏的浸染。打开电脑、手机，首先冲来的就是五花八门的游戏画面和链接，不管大人和孩子，慢慢地会因各式各样的诱导掉入网游的旋涡，难舍难分。二是家庭的过失。网瘾的孩子大多都是因为家庭和谐出现了问题，单亲家庭、留守儿童、爸妈关系紧张以及家庭爱的缺失问题，都为网瘾的形成提供了可乘之机。三是社会的影响。这个社会是多彩的，充满了各色诱惑，青春期的孩子往往通过网络尝试着踏入社会，寻找别样的激情。他们在虚拟世界中通过角色扮演和等级提升，体验一种快速"自我强大"的历程，实现心理的诉求和角色的满足感。四是性格因素。综合分析，性格因素是导致孩子迷恋网络的主要因素。特别那些内向型的孩子，不善于沟通表达，往往把网络当作交流倾诉或者发泄的对象，而误入歧途，难以自拔。青春期是孩子"三观"形成的动荡期，辨别是非能力不强，自我控制能力差，自主教育观念弱，自我调整修复能力不足。在这种情况下，很容易迷失于网络陷阱。五是教育的偏颇。在追求分数的教育驱使下，一部分孩子必然被挡在分数圈子之外，品尝不到学习的快乐，体验不到成功的乐趣。假如没有及时发现和引导，他们就会转移视线和方向，本能地逃避当下的痛苦，寻找课堂之外的快乐，所以，能带来快乐和刺激的网络成为首选。

02 ▶ 查杀孩子生命成长的"病毒"——网瘾

新时代是一个网络的时代，我们无法也不可能离开网络，包括孩子。那么，怎样才能不为"网"所困，不让"网"成瘾？

网瘾现象已经成为全人类一个普遍存在的现象，不仅在中国，在美国、日本等一些发达国家也存在因网络迷失的少年。如何查杀孩子生命成长的"病毒"？现在好像还没有成功的经验和模式。社会上的一些戒网学校和培训机构鱼龙混杂，标准不一，形式各异，有成功也有失败，社会和家长的评价褒贬不一。我觉得，在感染"病毒"之后的查杀和修复固然十分重要，而筑牢染毒之前的"防火墙"则更重要。不能亡羊补牢，而要未雨绸缪。一是要构建家庭教育的第一"防火墙"。父母要认识到网络安全是家庭教育的重要部分，父母要充当网络第一"防火墙"。一旦发现，马上进行"系统扫描"，及时干预，限制上网时间，填补业余时间，开发多种兴趣，贴身管教自己的孩子，安全有效地使用网络，从源头上防范网瘾。平时要构建和谐的家庭教育氛围，让孩子养成健康向上的行为习惯。二是构建社会教育的"垃圾清理"机制，实现一键修复。韩国政府把防止青少年"网络中毒"看作影响国家竞争力的社会问题，当作一项保护青少年的核心课题来抓，采取了多种措施，主导推动了"脱敏工程"，全国范围内实施"青少年网络中毒预防清除政策"，成立了网络中毒预防中心，全力研究网络中毒的判定标准、副作用及咨询介入方法，并在全国开办了140多个心理咨询中心，建设了国办的"跳出网络"特训营，全程免费培训。三是发挥学校教育的"修复"功能，实现"电脑加速"。学校是正确引导学生网络教育的重要阵地，要开设网络教育课程。老师要了解网络成瘾的危害，规范上网管理，约束学生的网络行为，告诉学生网络成瘾和抽烟酗酒一样危害无穷；让学生全面了解互联网的利与弊，引导他们开展讨论，学会正确对待互联网；鼓励孩子发展多方面兴趣，多参加集体活动，多与他人接触，避免社会疏离症发生。经常开展心理疏导、理想信念、感恩励志教育，提升学生自我管理、自我教育的能力，实现机体的定期查杀和自我修复功能。

戒治网瘾、重塑性格是一条漫长的路。

如果发现孩子"系统异常"，要立即启动"全盘扫描"程序，开展"病毒查杀"，彻底"清理垃圾"，马上"修复漏洞"，实现"电脑加速"，还孩子生命健康成长的清爽"页面"和优良"主机"。

03 | 化解孩子生命成长的"忧喜了"
——二胎

"邵老师,你有时间吗?我觉得郝强很烦人呀,我想和你聊聊,这孩子最近怎么了?"打来电话的是一位母亲,听得出很着急。

我们约好时间,聊起了她的孩子郝强。

"这孩子变了,就从暑假那次过生日之后。"妈妈说,"变得我都不认识了,太烦人了,整天缠磨着你,有事没事地老找事,生怕你安静一会儿。"

"以前这样吗?"

"以前可乖了,懂事,听话,挺讨人喜欢的。"

"上次怎么过的生日?"

"暑假里嘛,借着孩子的生日,我们约了几家亲戚一起聚餐。不过,没有以前那么隆重,生日礼物也买得简单了些。难道孩子因为这个生气?自从有了二宝以后,哪有时间照顾他?"

"他喜欢弟弟吗?"

"邵老师,我给你说,不知怎么回事,郝强不喜欢这个弟弟。你说都上初一了,应该懂事了,应帮妈妈照看一下弟弟,可是,他对弟弟却漠不关心。

"有一次,弟弟哭闹,我喊他照顾一下。强强走到二宝身边,伸出双手,这就要掐起弟弟的脖子,一脸愤怒。我看了都有点儿害怕,真是不可理解,孩子怎么这样呢!"

"爸爸呢?"

"爸爸工作忙,没时间。"

郝强的故事让我想到了一个小品——《有喜了》。这个小品在2016年的山东卫视春节联欢晚会上播出,引起国人的强烈反响和热议。

宋小宝50岁的年纪老来得子,老婆海燕有喜了!可是这么大的喜事儿也有烦恼,尽管宋小宝坚持认为,"人家踏着春风扑面而来,咱们不能拒人千里之外,来了就是缘分",但是老婆海燕怕周围人笑话,又担心儿子儿媳妇不理解,对于要不要这个二胎迟疑不决。果然,大儿子又哭又闹。这时,儿媳妇也来说自己怀孕了,家庭各种尴尬症状并发,宋小宝的儿子和孙子分别站在不同的角度,对二胎说"不",孙子提出了三点要求,儿子则以死相逼。

剧情围绕同一个问题——二胎,并行推进。二胎似乎没有踏着春风扑面而来,却犹如裹着冷嘲热讽劈面而来,"孕情"孕育矛盾重重,"胎动"引发波波挫折,儿子们的思想急转直下。小品诙谐幽默、轻松搞笑,瞬间戳中观众的笑点,给人留下了深刻的印象,同时,也引出了一个当下的热点话题——全民二胎热。其实,这个

03 ▶ 化解孩子生命成长的"忧喜了"——二胎

小品真实地再现了生活中遇到的尴尬，就像发生在我们身边。"家多宝"是好事儿，可是如何平衡家庭子女之间的矛盾也是一个大问题。大宝对父母生二胎的强烈抵制已然成了一个社会性话题，二胎不仅让家庭患上了"焦虑症"，也让孩子感染了"焦虑症"。能否让"二胎家庭""顺产"，恰恰是我们不应忽视、要正视和解决的问题，千万不要让二胎的"有喜了"孕育分娩成"忧喜了"。

独生子女对二胎的过激反应引发了社会关注，综合分析老大们的异常表现，我定义孩子患上了"二胎焦虑症"。这是一个新名词。

郝强患上了"二胎焦虑症"。他焦的是，不再是这个家的唯一，以前是家庭的中心和重心，捧在父母的手心，大家都围绕着他，现在找不到方向了，焦急了。他虑的是，有人要夺走他的爱，争去原本属于他的一切，他现在"失宠"了，找不到存在了，忧虑了。

有报道称，一名13岁女孩用"逃学""跳楼"等语言威胁打算生二胎的父母，最后以割腕的过激行为迫使怀孕近14周的44岁母亲终止了妊娠。一名5岁的女孩自弟弟出生后就搬到奶奶家住，并改叫奶奶为"妈妈"，理由是"妈妈有了弟弟，不需要我了"。

二胎说来就来。有的孩子能坦然面对，偏偏有的孩子还没来得及做好准备，面对这个好"孕"来的突然袭击，张皇无措。对于多数大宝来说，在弟弟或妹妹没有到来之前，全家人的重心都放在自己身上，可以说是集万千宠爱于一身。而当有了弟弟或妹妹后，家长自然会把精力分到二宝身上。

如何化解二胎在孩子生命成长中带来的"忧喜"呢？

孕前多沟通。生育二胎也考验着父母的家庭教育能力。在独生子女环境中长大的孩子可能从来没有想过有弟弟妹妹的事情,他们眼里一个家庭一个孩子很正常。当突然知道马上有另外一个孩子要来跟他争夺地位和权利,甚至是父母的宠爱,这并不是每个孩子都能欣然接受的,还是早早让他知道的好。据调查,二胎计划中的父母往往忽视了"亲子妒忌问题"。所以,打算生二胎的夫妻,决策时要把大宝心里的感受和心理的承受能力作为一个重要因素来考虑,征得大宝认同,做好心理健康准备,再实施不迟。否则,盲目要二胎不仅会对老大造成伤害,让老大产生失落感,而且容易让其形成烦躁、易怒的性格,导致心理扭曲,还会影响家庭关系。所以,妈妈要和大宝多沟通,特别是对10周岁以上的孩子,不应让二胎盲目地闯入他的世界,而要让他有足够的心理过渡,来接纳这个上帝的"礼物"。这看似小事,但对于孩子来说是成长中的大事。爸妈的善意沟通,与孩子的友好协商,以及正确的教育引导,必不可少,只有做好孕前的沟通,才能收到"语"过天晴、春风化雨的功效,迎来好"孕"。

孕中多参与。小品中大宝不理解不接受是正常的内心反应。大人遇到这种情况,心里有时也想不开,自卑感、恐惧感、孤独感油然而生,这都是一种本能的情绪反应。郝强经常纠缠妈妈,是想引起妈妈的注意,要回曾经的关爱,找回过去的地位,不想失去昨天的拥有。所以,大宝们看着妈妈的肚子一天比一天大,焦虑感也与日俱增。孩子的心理是敏感的、脆弱的,父子母子之间爱的温度、亲疏关系的稍微变化都会刺激并引起孩子内心的不稳定,孩子会直接或间接地表现在情绪上。说服一个孩子接受另一个新的生命,最好的办法，就是邀请他参与其中，扮演重要的角色。不要把生育二胎看作父母之间的事情，而是要把它当作每个家庭成员的事，邀请孩子一起"造人"，让他感觉到没有被父母冷落。父母要告诉孩子，你要做哥哥了，你要做姐姐了，让孩子觉得做哥哥、姐姐是一件非常光荣、有责任感的事情。让孩子融入对弟弟妹妹的期待中来，与孩子一起听胎动，一起做产检，出生后把喂奶和换尿布的工作分配给他一些，让他在参与体验中和宝宝一起成长，真实地感觉到妈妈生小宝宝也是自己的一项重要的任务。家长要始终如一，不能移情别恋，让孩子服下爱的"定心丸"。情感需要衔接，母爱必须延续，关系不能断层，手心手背都是肉。

孕后多关爱。不少孩子因为家里新增弟、妹之后，出现了不同程度的烦躁、易怒和焦虑的情绪。大宝之所以容易出现心理问题，原因在于现在的家庭中之前多是独生子女，他们从小娇生惯养。家长若把精力过多投入在第二个孩子身上，忽视了对大宝的关心，会使大宝有种被抛弃的感觉，此时，他情绪释放的方式就是将父母不再爱自己的责任推到弟妹身上。这种情况下，父母对子女采取合理的教育方式极为关键，如果处理不妥当，很容易导致两个孩子间产生嫉妒心理。这就要求爸爸妈妈不要吝啬爱，爱是化解矛盾的良药，爱是爸爸妈妈送给孩子一生最大的财富。让爱随着大宝二宝长大，让爱融合孩子之间的关系，让天然的血缘亲情链接起爸与妈与子的同心圆，"链"爱在一起。切勿养成《墙头记》中大乖和二乖的扭曲关系，上演一出不孝子孙的丑恶闹剧。家庭是社会的基本细胞，是人生的第一所学校。不论时代发生多大变化，不论生活格局发生多大变化，我们都要重视家庭建设，注重家庭、注重家教、注重家风。家长要有建立新型生态家庭关系的观念和意识，用好的家风家教，培育新时代和谐共生相融的家庭新模式，让孩子成人成才。古有孝悌格天的感人典故，今有向善友爱的家庭风尚。

二胎焦虑症是伴随着家庭生态环境的变化而出现的一种个人情绪反应，产生的原因比较复杂，家庭个体之间的关系以及个人性格是诱发的主要因素，因家庭、因人而异。有的孩子是过敏易感人群，有的就有天然的免疫能力。对于"二胎焦虑症"过敏的孩子，家长要提前免疫预防，莫让有喜了成为"忧喜了"。

04 | 掀开孩子生命成长的"红盖头"
——早恋

71路公交车。

杨磊每天都乘坐这班公交车去上学。

国庆节长假后开学第一天,杨磊像往常一样乘上了开往学校的公交车。他踏上车门第一脚,便迫不及待地把眼光递了过去,那个"位置"——没人,杨磊疾步移至老地方,人呢?杨磊心里纳闷。平常,那个熟悉的身影早已夺目而来,那张荡漾着笑意的脸早已嵌入心怀,两人的目光总会穿过层层的人墙相遇,哪怕一句话也没有,他们也心满意足了。现在,找遍整个车厢,也没有闻到一丝熟悉的味道;滤过每张面孔,也没有迎来一丝温暖。

怎么了?

杨磊来到学校,远远地透过班级的窗户,看到了那个熟悉的背影,原来她早来了。杨磊快步来到教室。平时,每当杨磊走过她身边,她就像早有预感一样,及时送来犹如春风拂面般的微笑,而杨磊也投去爱慕温情的目光，刹那两眼对视，目光交融，一秒钟就已经足够了，彼此心领神会。可是，今天的擦肩而过是那么陌生，空气犹如凝固的冰，挂着寒气，触摸不到一丝温暖。杨磊莫名地恐惧。

他失魂落座，只听到周围的同学说，今天她是家长开车送来的，以后，每天家长都来接送。

时间回到去年暑假开学，学校统一组织初二学生去区里的实践基地参加社会实践活动，为期一周。平时，杨磊和她只是普通朋友，两人没有过多的交集。可就是在逃生墙活动中，只因为他无意间拉了她一把，在人群中多看了她一眼，再也没能忘掉她的容颜，梦想着能有一天再相见，从此他开始孤单地思念……

她就这样闯入了杨磊的世界，杨磊也走进了她的生活。她是学霸，曾经考过年级的第一名，杨磊对她早有爱慕之心，而对于杨磊的到来，她也没有拒绝。更巧的是她和杨磊住在同一条街上。从那以后，杨磊再也不让父亲接送，而是每天坐公交车，为的就是多看她一眼。歌德说过，哪个男子不钟情，哪个少女不怀春？青春期的涌动把年轻的心紧紧地系在了一起，叛逆期的不羁把懵懂的情牢牢地粘在了一起。他们不知不觉中走进了早恋的丛林，掉进了青春的陷阱，卷入了感情的旋涡。

早恋，就像河里的水说来就来。可是在中国妈妈的眼里犹如猛虎野兽，谈"恋"色变，在家中更是忌讳提起早恋话题，发现苗头便高度紧张。而实际上，早恋是青少年在性生理发育的基础上，由心理转化为行为的实践。正处于青春期的孩子出现早恋现象，并不奇怪，是一种正常的生理反应，相反，在青春期没有早恋却显得不正常。不可否认，很多孩子往往沉迷于这种"恋爱"不能自拔，带来很多问题，比如影响青少年的身心健康和学业成绩，以及引发道德行为、心理品质等问题，尤其对女孩的影响更为明显，因此，早恋成为教育无法回避的一个成长话题。在中国妈妈看来，早恋是堕胎、辍学、成绩下降，甚至是犯罪的代名词。这源于中国妈妈较强的控制感和控制欲，把孩子当作自己的私有物品，而没有看作一个生命，要求孩子必须按照妈妈设计的路线来成长，忽略了生命成长的规律。

早恋，犹如一块蒙在孩子生命成长道路上的"红盖头"，考验的是家长、孩子的勇气和智慧。如何不让"红盖头"成为挡在家长和孩子之间的一堵墙？就看你如何揭开它。

每个人成长的经历和环境不同，在早恋问题上，青春期孩子所走的道路也各不相同。分析根源主要表现在六方面。一是青春期生理、心理发育的正常表现。青春期的孩子往往会对异性产生好奇和探究的心理，会主动接近异性，并且容易产生性冲动，这些都是发育过程中再平常不过的现象。二是逆反心理。青少年正处于"过渡期"，独立意识、自我意识增强，不愿意再盲从，喜欢我行我素。于是，就有孩子刻意地去闯禁区、谈恋爱。三是性格孤僻内向。在这种情况下，一旦有异性表示善意，他们就很可能将压抑的情感投放到这位异性身上，早恋也就发生了。四是家庭关系紧张。家庭关系的不和谐或者单亲家庭等，往往会使孩子心灵遭受创伤，严重的会精神偏异，危害终生。孩子长期生活在冰冷的家庭环境中，自然就会寻找外部的安宁和慰藉，而他们选择的方式往往就是早恋。五是社会环境的影响。不良的社会环境会成为侵害青少年思想的大染缸，社会上的不良思想、不端行为、不正风气会成为早恋的幕后推手。六是缺乏必要的性教育。有些学校对学生进行的青春期性教育，只停留在一些简单的性生理知识和性卫生教育上，而对性心理、性道德教育基本忽略。

理清早恋的原因，才能从容面对。既然早恋说来就来，那么，就要给早恋留出一条路来，让这一股青春的洪峰安澜过江。大多中国妈妈更愿意堵上这条路，人为地制造早恋的堰塞湖，迎来的是情感的溃坝决堤。很显然，禁止并非良策。学校教育中，教师只有教导学生正确对待恋爱问题，把握成长过程中的情感尺度，才是有效的调整方法。要尊重关爱早恋学生，真正走进学生的心灵，根据学生性格特点冷静分析，以经历过类似问题、体验过类似困惑的长者身份，帮助学生解除困扰和恢复常态。同时，学校要开展丰富多彩的集体活动转移他们注意力，分散他们过剩精力，放松升华他们青春期的冲动。

再回到开篇的故事。实践活动结束后，他们的理智也没有扛过早恋带来的激情和刺激。车厢里、QQ上、书信里盛开了彼此相互吸引的爱慕之花。他们用青春做赌注，来了一场背叛世界的游戏，游戏让他们付出了沉重的代价。她的成绩从初二上学期的年级第一名，到下学期的48名，再到初三上学期月考的67名，一路下滑，而杨磊的成绩也从年级前50名直接甩到百名之外。上学期末，女孩的妈妈无意中从卧室里找到了一封信，就感觉苗头不对，看到现在的成绩，妈妈急了。妈妈有过切身体会，一直用自己曾经的经历来调整她的思维方向，用温暖的呵护和及时的交流沟通来释放女儿心中的情绪和情感，慢慢地让"热恋"冷却。两个多月来，妈妈一直陪在女儿身边，小区楼下、学校操场、河边公园时常看到母女牵手散步的温暖镜头。难能可贵的是，妈妈并没有把孩子早恋的事情告诉脾气不好的爸爸，一直隐藏着女儿的秘密，母女俩约定：妈妈不干涉女儿的私事，这件事她自己处理，不再与杨磊接触。而她要在本学期的期中考试中提高到年级20名内。

距离考试还有一个星期的时间，虽然无法预测成绩，但是，可以肯定的是妈妈的做法是值得学习的。妈妈没有去堵，而是循循善诱、温柔引导，而不少家长面对越刮越烈的早恋风潮，更多的是严防死守和无可奈何，有的围追堵截、严令禁止；有的粗暴干涉，"棒打鸳鸯"，不仅拆不散早恋的双方，还会引起孩子激烈反抗，轻者离家出走，重者以死相逼。

"红盖头"下藏着温情和浪漫，也藏着不羁和叛逆。慢慢掀开的是美好的经历和成长，而冰冷撕下的则是痛苦的泪痕和伤疤。

05 | 清除孩子生命成长的"拦路虎"
——自杀

今天是核对养老金发放签字的最后一天。

胡老师三天前接到了学校的通知,他考虑再三,决定去签字。这几天,胡老师一直犹豫不决,不敢迈出家门。吃过早饭,他估摸着从家到镇上的学校正好是第三节课,老师们都在教室里上课,他强打起精神走出了家门。

多么熟悉的小路,胡老师都能数清楚路上的每一棵树、每一块田。而今天,路上的一切对他来说是那么陌生,脚下的车蹬是那么沉重,他甚至走过路口都不清楚要拐向何处。

胡老师用力抬起头,看着眼前每天都要经过的、再熟悉不过的小桥,他再也撑不住了,再怎么用力也跨不过这个桥,再怎么打起精神也迈不过这道"坎"。胡老师长长地"叹"了一口气,拽着车子回家了。

两个月前,胡老师唯一的儿子跳楼自杀了。

05 ▶ 清除孩子生命成长的"拦路虎"——自杀

一年前,他的儿子从国家重点大学毕业,应聘到国有大企业工作,从小学到大学,再到就业,都很顺利。周围的同事都羡慕胡老师有一个优秀的儿子,胡老师也为自己有这样一个儿子感到高兴自豪。

去年,不知什么原因,孩子辞职,想考研究生。结果,报了名却没有参加考试,一直待在家里。因为工作的原因,父子之间有时免不了要吵架,孩子和家庭之间的关系悄悄地发生了变化,孩子几乎不出门,慢慢变得抑郁了。胡老师看在眼里,急在心里,试着找个心理医生疏导一下,可是,在看完医生回家之后,孩子把父母反锁在门外,从9楼的窗户跳了下去……

一个年轻的生命就这样决然地走了。

自杀,一个不忍直视的字眼,却经常夺目而来,不仅戳痛了家庭,更刺痛着社会。

2017年9月7日,香港教育局新任副局长蔡若莲的长子潘匡仁在家里跳楼,从40多层的高空坠下,一个鲜活的生命消失了。

潘匡仁中学毕业于香港名校,喜欢运动,尤其是跑步和单车。这样一个有为青年却因为在单车比赛中受伤而罹患抑郁症。在他准备跳楼自杀前就被家中的外籍女佣见到,女佣曾阻拦他,并且也叫来保安制止,同时说服他回到自己的房间。但后来又发现他把自己反锁在房内,之后便发生了自杀惨剧。

生命来得这么不容易,却走得如此草率。究竟是什么原因把生命和死亡系到了一起,让生不如死?

据统计,中国每年至少有25万人自杀,200万人自杀未遂,其中约有 10 万青少年死于自杀，每分钟就有 2 个人死于自杀，还有 8 个自杀未遂。北京心理危机研究与干预中心的调查分析称，自杀已成为 15～34 岁人群的首位死因。北京大学儿童青少年卫生研究所曾发布《中学生自杀现象调查分析报告》，其中的数据让人心头一颤——5 名中学生中就有 1 名曾考虑过自杀，较 20 世纪相比，青少年自杀率提高了 60%，且有逐年增加的趋势。

数字是真实的，却是冰冷的，冷得连一丝温度都触摸不到。

自杀，一个不容忽视的问题，已经成为孩子生命成长中的"拦路虎"。这个"拦路虎"有来自社会的竞争压力的，有来自家庭教养方式的，也有来自学校教育管理的。有时生活学习中的一点不如意、一次批评、一场失败……都很容易演变成致命的"老虎"。而"拦路虎"隐蔽性又非常强，很难发现，当我们发现时，这只"虎"已经龇着獠牙瞄向了你，特别对处于青春期的孩子，面对此"虎"，茫然无措，更不能理性应对。

中国青少年研究中心和共青团中央国际联络部联合发布公告称，身处变迁速度加快的社会，在 17 岁以下的儿童青少年中，大约 3000 万人受到各种情绪障碍和行为问题的困扰。

通过图表的调查分析剖析自杀的原因，不难发现，自杀问题的根源是自我心理问题。

如何"打虎清路"？"打虎"就是疏导孩子的压力；"清路"就是祛除恐惧，提升抗挫力，锻炼心理承受力和心理弹性力。

美国心理学家阿尔伯特·艾利斯定义过一种症状——"低挫折忍耐度"，就是"挫商"低。艾利斯认为，许多当代人已被"宠

05 ▶ 清除孩子生命成长的"拦路虎"——自杀

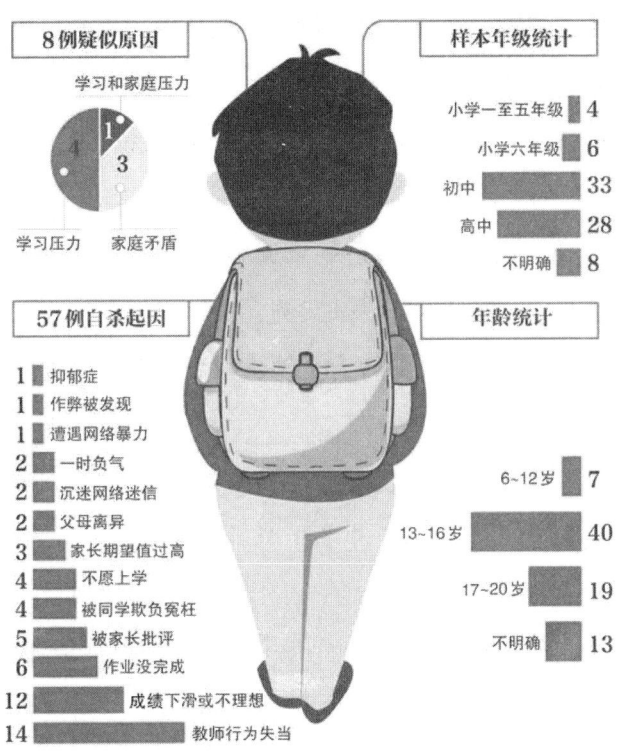

坏",无法容忍不好的事情。有丁点儿不顺,稍不称心如意,低挫商者立刻觉得这种事不但根本不该发生,而且绝对不可接受。这种思维定式会使这类人付出不必要的甚至痛苦的代价。轻者产生焦虑、抑郁、愤怒等负面情绪;往前发展就是逃避痛苦——出走;重者即会采取不理智的行为决策——自杀。

健康中国需要有健康的心理。培育青春期孩子良好的心理健康素养,养成他们自尊自信、理性平和、积极向上的心态是家庭和学校教育的重要内容,是他们生命成长不可或缺的一课。不能让外显的分数掩盖了内在的生命根基,而这一课往往停留在课程表上。学校和家庭在预防青少年自杀时,除了要提高青少年自身的心理素质和自控能力外,让他们"共同参与"也至关重要。

如果说心理健康教育是青少年成长的必修课,那么生命教育就是青少年成长的灵魂课。

人世间什么最宝贵?这是一个无须思考就可以直接回答的问题:生命!可是,掂量这些自杀案例,实际生活中并非人人明白生命存在的价值。这些自毁的行为虽然是少数,但是忽视生命健康是社会更为普遍的现象。

青少年学生正值成长发展的关键时期,对于死亡和生命,心中充满了迷茫和草率。如何让学生珍爱生命、尊重生命、敬畏生命,应该是每一位家长和教育工作者思考和回答的教育话题。站在生死高度重审生命价值,家庭和学校应该教育引导学生认识生命所承载的价值和担负的责任。珍爱生命,热爱生活,培植学生崇高的生命情怀,帮助学生在生命的根基上确立起人的内在的不可让步的尊严。

"清路打虎",让生命更有尊严!

06 | 爸爸，我们家好冷

眼前是一幅画，描绘了原始森林的风景，中间被一排栅栏分割开来。近处，地理空间比较小，这边是恐龙蛋化石挖掘现场，另一边是用栏杆围在一起的三具恐龙骨骼化石；远处，一片茂密的原始森林，郁郁葱葱的林间是一群恐龙，原始森林的中间有一片水域，水里住着两只恐龙，旁边还有两只鳄鱼。在挖掘的现场和森林之间有一扇大门相连，游客们正在栅栏外欣赏眼前的美景……

这是一幅景致别异、生机勃勃的画作，描绘了远古时期森林里的一个场景片段，有高大的树木、恐龙，一片生机盎然；这又是一幅穿越历史的画卷，眼前的考古现场似乎穿越时空，还原了几亿年前的那个场景，今天和昨天就在眼前。

作品出自一名初一学生——王凡之手。王凡是一名平凡的学生，却又是一个"不平凡"的孩子。进入初中，妈妈眼里的王凡"麻烦"不断。和其他初中孩子的妈妈一样，最让妈妈头疼的是王凡的成绩——语数英三科成绩不过百。这样的成绩怎让妈妈不上火？晚上，每当回到家里，看着慵懒无状、无所适从的王凡，再看看地板上沙发上杂乱堆放的衣服、饭桌上无人洗刷的碗筷……忙累了一天的妈妈气就不打一处来，无奈无助的怒火立马"闪爆"整个客厅。妈妈不仅言语中伤，而且拳脚相向，这怒火烧着了自己，也灼伤了孩子。情绪的"爆燃"过后，母子两人相拥而泣……本学期这样的情景，在这个家里持续"上映"。

妈妈急了。

"邵老师，我该怎么办？"

千里之外，妈妈打来电话。

王凡是一个单亲家庭的孩子。三岁的时候，妈妈和爸爸离婚了，一张不足百字的离婚证明书揭开了一个家庭命运转折的序幕。爸妈婚姻的"出轨"也引来孩子生命成长的"出轨"。王凡判给男方，和奶奶爷爷生活在一起，爸爸不务正业，妈妈不在身边，王凡的生命在风雨中飘摇。无法扎根，何谈健康成长？该入学了，妈妈为了孩子的未来，把他接到身边。妈妈苦于挣钱养家，加紧了匆匆行走的脚步，起早贪黑，无暇照顾孩子心理的成长，把能有的一点儿时间都盯在了孩子的分数上。

"我经常惹妈妈生气，妈妈看见我的成绩不好就着急。"

"考试落后了，妈妈就知道打我。"

"我小时候在奶奶家养成了一些不好的习惯，妈妈看了老是埋怨我，我心里也知道，有时改不了……我对不住妈妈。"

"我从来没有见过我爸爸，从小没有一点儿爸爸的印象。"

"爸爸，你在哪里？我们家好冷！"

坐在我面前的王凡说着说着哭了……平时，挨妈妈打骂都强忍泪水的王凡，这次真的哭了，哭得那么伤心，哭得那么难过。他哭的或许是自己不公的遭遇，或许是对妈妈的悔，或许是对爸爸的恨……

让我们再回到这幅画，其实，这是一个沙盘游戏。我们从王凡摆放的这幅画中仿佛看见一个隐在画里的孩子，他渴望亲人的陪伴，内心充满了向上生长的力量；他希望交流和沟通，内心是孤独寂寞的。

毋庸置疑，单亲家庭孩子的内心是最痛最苦的。今天，王凡在学习上已经出现了抗拒排斥的厌学现象；明天，随着青春期的到来，单亲孩子＋青春期的叠加反应，更多"毛病"会接踵而至，情况会变得越来越糟；后天就会是一个"问题孩子"。

如何让问题到此为止？

单亲孩子是"冷"的。这是一种孤独的冷，冷在悲凉；这是一种心灵的冷，冷在悲悯；这是一种惧怕的冷，冷在悲哀。人是情感动物，生命成长不仅需要物质的需求，更不能丢失心灵的抚养。物质养育和心理抚育两者必不可少。妈不在旁，爸不在侧，看似最普通的一句爸妈，却是不可缺少的心理抚慰。有的孩子甚至一年都捞不到喊一句妈、叫一句爸的机会。妈妈的一句话、爸爸的一个拥抱、一杯茶、一桌餐……这些父母的呵护更是一种奢望。听听爸妈的故事、讲讲学校的事情只能是梦中的渴望。我害怕了，能对谁说；我难过了，谁来安慰我——这些连大人都不能承受的痛，却在无情地戳痛孩子的心灵，他们甚至都无法也不能喊出一声痛来，只能默默地承受在心。是的，单亲家庭苦于这样那样的困难，无法照料和陪伴孩子，难道这些大人的错误非要无辜的孩子们来埋单吗？他们真的很冷——人冷，心更冷。所以，单亲孩子缺少的就是温暖。暖，是心理疗愈的最好良药。暖发源于爱，来自陪伴。单亲一个共同的特点就是家庭缺失温度，亲情缺乏温暖，生活缺少温馨。爱是一个家庭的生命，因此，爸妈真的不能让爱释手，不能不给孩子加衣驱寒慰暖。爸妈能做的只有还回曾经的爱，找回曾经的温暖，捡回曾经的陪伴。

单亲孩子是"憎"的。随着孩子慢慢长大，特别是进入青春期以后，身心发展的困扰和社会环境的影响，加之身边没有大人的指导和帮助，单亲孩子很容易会迷失自我，误入歧路。这一时期，孩子很容易产生一些不良的心理问题。自闭自卑是一个常见的现象。单亲孩子遭受的打击比父母更大，而且孩子比大人更敏感、更脆弱，他们还不具备自我调整心理的能力，不愿与人接触，对周围的人常有戒备、厌烦的心理，表现出神经过敏的症状。他们总怀疑别人会在背后议论自己家庭的缺损和父母的离异，认为别人都瞧不起自己，不愿向他人敞开自己的心扉，便自我封闭，不愿外出活动，不愿与人打交道，表现出孤独、内向的性格特征。特别是看到同伴们与父母亲亲热热、幸福美满地玩耍、嬉戏的时候，心中的悲伤、失落会使得他们产生忧郁和自卑的心理。孩子们找不到自己的快乐，看不到自己的快乐在哪里，于是拒绝快乐，沉浸在忧虑、悲伤中。单亲孩子更容易逆反。由于单亲家庭中的孩子在"孩子圈"中地位不高，容易成为别的孩子奚落和欺负的对象。然而他们也渴望尊严，渴望被人欣赏，于是在言行上便刻意地表现出与众不同，有时甚至喜欢"顶牛角，对着干"，以显示自身的存在价值。自闭自卑和叛逆造就了单亲孩子"懵"的生命状态，这是一种混沌的生命状态，他们甚至不知道我是谁我在哪里。他们也在极力地定位自己，寻找生命的方向。他们和平常孩子不同的是单。在这个生命旋涡里，没有人能给他指指方向，没人能向他伸出一只手，没人能在背后推他一把，更没有人能对着他喊一声：孩子你真棒！"懵"最需要的是"醒"，唤醒这个懵懂的生命。爸妈能做的就是唤醒眼前的这个陷入旋涡里的生命，给他一个向上生长的生命力量。

单亲孩子是"懦"的。"你也许不能控制你的环境，但你可以控制你对环境的反应。"康多莉扎·赖斯说。"懦"最需要"强"。是的，单亲孩子没有别的选择，唯一能选择的就是改变。这种改变需要内力的驱动，源自内心的力量，这种力量萌发于自我，是自我的革弊，自我的觉醒，自我的爆发。这种自我起始于自信，所以，变强是从自信开始的。爸妈要做的是一点一滴地长养孩子的自信。单亲爸妈极易犯的一个错误是满眼都是孩子的缺点和不足，瞧不见孩子一点儿的优点和进步，张嘴都是你怎么怎么样，开口就会不能这不能那。孩子整日在否定和批评的环境里，哪儿来的自信自强？要用欣赏的眼光、赞美的角度、发现美的方式去肯定认可孩子，放大孩子的优点，为孩子开启一条自信阳光的生命成长大道。

不能忽略的是，单亲孩子又具有独特的优势，这种突来的变故可让他们逆风飞扬。古今中外教育史表明，单亲家庭子女成才，是历史上不可忽视的现象。也就是说，对于子女成才来说，单亲家庭不仅有负面的因素，同时也有正面的因素。首先表现为，这样的家庭让孩子从小就面对逆境，在逆境中成长，逆境中更容易形成有利于成功的品质。温斯顿·丘吉尔曾说："著名人物通常是不幸童年的产物。在缺乏对目标的无情恪守和不息的天生智慧的情况下，宏伟大业是很少能实现的，为了这种恪守和智慧，童年环境的强烈压抑、不幸的悲痛、轻视和奚落的刺激都是必需的。"其次，单亲家庭环境，对儿童形成某些特殊的心理品质有所助益。这些都是单亲孩子的天然优势，因此，爸妈们要善于发现孩子的优势，利用好孩子的优势，顺"势"而为，借"势"生长，"单"同样可以绽放更美的精彩。

"单"并不可怕，可怕的是我们对"单"的态度！

春暖花开，希望千万个王凡的家庭从此不冷！

07 | 爸爸妈妈，我多想变成你们的手机

"爸爸妈妈，你们曾说我是你们手心里的宝，爱我胜过爱一切！可我并不这样认为，我觉得你们更爱手机，现在的我多么想成为你们的手机呀！"

"爸爸，在我的记忆里，您是一个十分爱看书的人，可自从有了手机后，您再也没看过书。一没事，就躺在床上或坐在沙发上玩手机。爸爸您就不能放下手机陪陪我？……"

这是一篇六年级学生的作文，不足 500 字，字里行间诉说了手机给这个家庭带来的痛苦。细细读来，我们能真切地感受到孩子稚嫩而又无助的心声。她只能用这样的一种方式告诉家长——谁是手心里的宝。以前父母之间连接的是孩子，是亲情的温暖；现在爸妈之间连接的是网络，是冰冷的数据。自从家里"长"出了手机，它便抢走了曾经的幸福时光，也夺去了以前的亲情岁月。

孩子不明白，那个节假日经常带着她游山陪她赏景的爸爸哪儿

去了？那个早晚给她梳辫子、讲故事的妈妈去哪儿了？

疯狂玩手机犹如瘟疫肆虐，侵害着大人和孩子。瘟疫面前即使大人也难以招架，孩子们更是不堪一击，任凭手机疯狂地夺掠。是的，我们不能也无法离开手机，手机在改变我们生活方式的同时，难道还要抹杀人类的情感吗？难道人和机之间仅仅是冰冷的数据，就没有一丝温暖吗？

一则《深夜玩手机担心被告状，14岁少女杀死自己的亲弟弟，受审时很平静》的新闻报道让人触目惊心。

据报道，2017年9月19日凌晨1时许，女孩小郭在被窝里拿着从同学处借来的手机玩游戏，不料被醒来的弟弟发现，她担心弟弟向父母告状，竟然起了杀心。

据警方知情人介绍，事发凌晨3时许，小郭趁弟弟熟睡后，先用双手扼颈的方式想将其掐死，但响动有些大，惊醒了同床的妹妹，小郭暂时停了手，假装继续睡觉。等了一会儿，等弟弟妹妹又睡着后，小郭又开始了与她的年龄极不相符的狂暴举动。

小郭先从厨房找来菜刀，砍弟弟的头部数刀，又抓住弟弟头部撞墙。弟弟被撞晕后，小郭本来想将弟弟丢入粪坑溺死，但此时已醒来的弟弟感到大事不妙，衣服和鞋子也顾不得穿就拼命往屋外跑，小郭提刀便追。

漆黑的夜里，小郭一直追到200米外镇卫生院附近的一座石桥上，终将受伤的弟弟追上，随后拦腰抱起弟弟从石桥上扔了下去，而后她自己又走到桥下，将弟弟拖到河滩，确认没有呼吸死亡后，就地用泥沙将尸体掩埋，然后从容离开。回到家中，小郭又将案发

07 ▶ 爸爸妈妈，我多想变成你们的手机

现场的血迹擦拭，伪装成弟弟去上学的假象。后经鉴定，被害人系被高坠所致重型颅脑损伤死亡。

第二天，杀害了亲弟弟的小郭，与往常一样平静地睡觉、上学、吃饭，好像什么事都没发生，直至最后发现被害人的尸体，警方进一步调查，才揭开了真相。

手机、姐姐、弟弟、砍杀、14岁少女……这几个词遇到一起，上演了一起惊心动魄的凶杀案，手机成了引爆这起凶杀案的导火索。

都是手机惹的祸。"低头族""手机重度依赖症患者""外来物种""人体第二器官"……这些从手机衍生出来的新名词从不同的角度诉说了手机的侵略和危害。

手机犹如长在人体外的器官，这个特殊的器官虽然无血无肉，但是一旦发育长成就如影随形。如果发生病变，就像毒瘤一样不但侵害人的机体，而且控制人的思想。那时，你就是一个病人，想要治愈——难！

时间的入侵。密歇根大学和伊利诺伊州立大学曾征募170个双亲家庭，分别了解父母使用手机、电脑、笔记本等电子产品的情况，以及使用时是否打扰家庭时间。这里的"打扰"是指与孩子一起进餐、游戏、聊天、运动时是否查看手机信息等。结果显示，近50%的父母一天要"打扰"三次或三次以上，24%两次，17%一次，只有11%的家长说没有这种情况。父母在身边，却又那么遥远。"手机孤儿""手机殖民"就描绘了这样的窘境。2017年上半年，中国人在社交媒体上花费了398亿小时。最新调查发现，中

国人平均每天看手机 3 小时，仅次于巴西，位居手机沉迷度全球第二。不管你承不承认，我们的时间正越来越多地被手机消磨掉。不论是家人团圆还是朋友聚会，不论是上班路上还是工作之余，说话的人越来越少，埋头"洗屏"的越来越多。显然，如今的手机已不仅仅是手中的工具，俨然变成了身体的"器官"。有人说，长这么大，唯一能坚持下来的事，就是每天给手机充电，每天出门前先摸手机。虽有些戏谑，但的确戳中了现实的痛点。

亲情的掠夺。家长是陪孩子还是陪手机？这已经成为一个全球性的问题。有家长以为，只要人在孩子身边，就是陪伴。其实那仅仅算是"陪着"，根本没有投入完全的精力去和孩子相处，更谈不上了解孩子，怎么能够理解孩子、给予他心灵上的支持呢？大部分家长也坦言，回家后虽然号称在陪孩子，但手机或者平板电脑不离手，几乎每隔几分钟就想去"刷"一下朋友圈。在我看来，父母在陪伴孩子时玩手机其实是一种"冷暴力""心体罚"。

2017 年，美国密歇根大学和伊利诺伊州立大学的一篇研究报告发现，父母在家的时间中看手机和平板电脑越多，孩子越容易出现行为问题，如过度敏感、性急、多动、爱抱怨等。不仅如此，近年来，因手机引发的事件事故层出不穷。更可恨的是，手机侵害了一大批孩子的童年，改变了多少孩子生命成长的方向，使生命扭曲于那片小小的屏幕。

当前，在没法离开手机的时代，我们应学会怎样面对智能手机——"外来入侵者"对传统家庭和亲子关系的疯狂侵略和冲击？又该如何平衡两者间的关系，让体外的手机器官守卫健康？

抢抓"机"遇。手机无孔不入,从不流出一丝善意,最钟情青春期的孩子。手机面前很多成年人都把控不了,对于自控能力弱、好奇心强、贪玩心大、正处在学习知识关键时期的中学生来讲诱惑力确实很大。家长要在手机和孩子之间赛跑,要善于抓住"机"遇,引导孩子正确使用手机,让手机成为健康生活和学习的伴侣,不应成为无聊娱乐的搭档。家长就是要在手机和孩子之间抢夺地盘,你不抢占,手机便会乘"机"而入。孩子的精神地盘怎么能让手机控制呢?孩子有一个纯洁向上的心灵,是一个蓬勃发展的生命,在成长的关键时期需要净化过滤的生活环境,需要在灵魂深处埋下一颗正向正生的种子。千万不能让低俗污秽的垃圾把孩子拽入成长的深渊。抢抓"机"遇,先入为主,为孩子成长的天空留下一片湛蓝吧!

当"机"立断。手机不是洪水猛兽,重要的是"度"的把握。如果家长发现孩子这一体外器官将要发生病变,务必要当机立断,修复病灶。玩手机,需要制定规则。家长在引导孩子使用手机时,重点应该在锻炼孩子的控制力上下功夫。如果孩子的控制力不强,即使没有了智能手机的诱惑,还会受其他东西的诱惑,解决不了根本问题。家长可以抽出 10 分钟制定一份手机使用守则,例如,手机不可以带去学校;周一至周五不准摸手机;需要手机时,可以和家长商量;如果做不到,收走手机作为惩罚。一个月时间,孩子将会养成健康的用机习惯,摆脱依赖。有些家长对手机的依赖程度过高,以致他们已经不能靠自身的自觉性去限制自己使用手机的时间。如果你恰好就是手机重度依赖患者,为了起到以身作则的模范带头作用，就需要给自己特别制定一个在家的手机使用规则。为了孩子，家长定当有当"机"立断的决心和勇气，用心为孩子编织一条健康成长的生命大道。

"机"不可失。每一次的产品革新，都会带来产品体验的巨大改变。毫无疑问，智能手机是一个高科技的产品，是代表未来发展方向的新生事物，已经给人们的生活体验带来了翻天覆地的变化，几乎成了人们不可缺少的东西。在享受着手机带来的便利体验的同时，家长应该学会教孩子怎么合理利用它。当下，手机是对孩子发展最大的冲击，是青春期最大的挑战。沉迷手机不仅影响成绩、带坏学风、诱发疾病，而且容易带来性格冷漠、亲情疏远、乱交朋友、校园欺凌等危害。如果孩子过于沉迷手机，带来的伤害是一辈子的，治愈病痛要付出沉重的代价。孩子是一个拔节生长的生命，每一个身心发展的阶段都有自身的规律，每一步成长都需倍加呵护。手机，攥在手里也许是触处机来，放在眼前也可能是危机四伏。因此，家长要有清醒的认识和理智的把握，不能留下可乘之机，坐失育人的良机，而要努力为孩子的心灵成长留下一抹健康的绿。

"爸爸妈妈，我多想变成你们的手机啊！那样，你们就可以天天捧着我，看着我，宠着我了！"切莫让孩子再发出这样的呼喊。

08 要不要给赵泽伟点上一支蜡烛

2018年4月27日！陕西！米脂！该县第三中学校外巷道发生恶性伤害案件，导致21名学生伤亡……

连日来，陕西米脂凶案报道铺满大小媒体，21名伤亡的学生揪痛着国人的心。作为一名教育人，每当看到类似的新闻，手在战栗，心在滴血。9个鲜活的生命惨遭剥夺，血淋淋的画面戳痛了每一个善良的灵魂——惨不忍睹。一个丧心病狂的恶魔向无辜者复仇，血淋淋的事实逼问着赤裸的人性——暴戾恣睢。

18时，10分……到底发生了什么？

9死，12伤……为什么是我？

"90后"，13年……究竟是怎样的人生？

4月27日下午6时10分开始，短短的十分钟里，赵泽伟持刀在校门外的巷子里伤害了21名放学回家的学生，9名学生确认遇害。

杀戮以秒来计算。一位侥幸逃命的学生说，这个穿着黑衣的人，从巷口开始，一手掐住孩子的脖子，另一只手上的匕首向胸口扎下去。一个孩子倒下，他就抓住另一个；另一个倒下，他再继续。他一路往上，鲜血从他伤过的孩子的身体里涌出来，有些甚至溅到了墙上。我们从学生的描述中，首先想到是一个游戏的画面，一个操着鼠标的青年正沉迷于网游。我们无法相信这是现实，再三自问这是不是游戏。虚拟和现实，也许就是一转身的距离。赵泽伟，手段之残忍令人发指，人性泯灭，丧尽天良。

此时此刻，面对逝去的9个孩子，我们也许有一万个理由咒骂赵泽伟，却找不到一个理由原谅他一次，甚至在心中对他会有一万次的诛杀。

官方通报称，初步查明：犯罪嫌疑人赵某，男，汉族，1990年1月20日生，米脂县城郊镇赵家山村人。经初步审讯：犯罪嫌疑人交代，其在米脂三中上学时受同学欺负，遂一直记恨，今天持匕首杀人。网络上关于凶案的留言一屏一屏又一屏，在这留言的海洋中，我被一条留言击中——凶手在这里读初中时，曾被同学扒了裤子，并被逼吃屎！

一个"90后"，13年前被同学欺凌，13年后竟然丧心病狂地实施报复！13年前把尊严丢在了米脂三中，13年后杀回这里用无辜者的鲜血来祭自己的尊严！

我们为无辜逝去的生命亡灵哀泣。

我们为逝者点上9支蜡烛。

我们能不能也为赵泽伟点上1支警示之烛呢？

这里，我们不妨截取赵泽伟中学生活的横断剖面当作他人生之路的一个标本，放在教育的实验台上来观察。

假如我们只截取初中生活的剖面（笔者声明：不是为赵泽伟伸冤、鸣不平），不难发现赵泽伟曾经是一个校园欺凌的受害者，正值青春期，却遭遇过一段灰色的经历。被扒裤子被逼吃屎的痛楚犹如一个滚热的烙铁灼伤了一颗童心，从此，他的人生道路上便结痂出生命的疤痕，生命成长的方向也扭转了。

这一次是赵泽伟生命的拐点。

让我们再来认识一个"赵泽伟"——山东省未成年人管教所少年犯李哲。

"我出生在鲁西南一个普通的农民家庭。家里虽然不富裕，但我从小也是在父母的无限宠爱中成长，没挨过一个巴掌，没受过一点委屈。而可以使父母感到欣慰的是，自己的成绩一直名列前茅，也老老实实，不会惹事。"李哲哭诉着告诉记者。

"如果这样成长下去，我恐怕也不会身陷高墙之中。这一切，都从初二发生了质变。记得当时，一些稍大的同学都已经步入青春期，张狂而追求不羁，而我一直没有放纵玩耍的经历，显得有些老实。慢慢地，我被一些同学定义为'软柿子'，有人让我给他洗衣服，有人让我给他铺床。我在家里没洗过一只袜子，又怎么会给别人洗衣服呢？我将他们一一拒绝后，引发了别人的不满，有人说：这小子不太听话，走，我们去教训教训他。而后，他们故意找我的碴儿，把我打了一顿。末了，打我的同学说，要是敢告诉老师就打死你！当时，我心中充满了恐惧，蹲在墙角，双手抱头，痛哭流涕。如果只是一次的话，或许还不足以改变我的人生。从那以后，我在学校里总是隔三岔五地被人欺负，如果不听话，迎接自己的则是众多的拳头，而自己除了偷偷抹眼泪外，什么也不敢做。"

李哲也是一个校园欺凌的受害者。

李哲说：终于，在一次挨揍之后，一个改变我一生的人出现在了我的身旁，他叫齐。他说："你平时学习那么好有什么用？还不是被别人欺负？你看我，只有我欺负别人，哪有人欺负我？多风光！"我虽然在流泪，但是已经被他的话吸引住。至此，李哲的人生也出现了一个拐点。从此，在齐的招呼下，他经常出入KTV、网吧，他变得不再软弱，而是放纵张狂，打架、酗酒、上网，彻夜不归。他说就是——"混"。最终有一天，恶魔附体，因为一次小小的冲突，一个青年被李哲活活地打死。

两个生命就这样画上了灰色的句号。从他欺到欺他，路是那么相似。李哲从逆来顺受地懦弱到盲目地跟随，其实是心灵的胁从、生命的扭曲和畸形的成长。赵泽伟"要么忍，要么狠"的微信名更折射了一种变态的心理。令人发指的校园欺凌，在赵泽伟、李哲心中播下了一颗仇恨的种子。他们中学成长的"横断面"是扭曲的、折叠的，他们生命成长的"病灶"也许就是在这次被欺之后慢慢扩散的。

他们的人生轨迹能否改写？

假如时间从他们被欺的那个时刻重新开始，需要经历什么，才可能避免走上这血腥之路？

在狱中，李哲发出了这样的感慨：如果第一次挨揍后及时告诉老师，如果在挨欺负时向家长反映，如果在齐拉拢他时他能够拒绝，如果在放纵时及时改正，如果在打别人时能够想到自己挨打的心情，如果能听从父母的教育，如果……他都不会让他触犯法律，都不会给他的人生画上污浊的一笔，更不会让他这一生就这么完了。可，这一切都只是如果！这一切都已经发生，再也无法改变。

多么痛的领悟！"如果"在前，纵有千百个理由也不会做出如此血腥的选择；"如果"在前，纵有千条路打死也不会走上这一条……

那一次之后，没有一个人洒出一片爱——孩子，没事的。抚慰他一下。那一次之后，没有一个人伸出一双手——孩子，坚强些。温暖他一把。那一次之后，没有一个人喊来一句话——孩子，别怕，有我。激励他一程。

这些都没有。那些仇恨的种子，在他们的心里不腐不烂，一直在等候必然的萌芽。

"勇者愤怒，抽刃向更强者；怯者愤怒，却抽刃向更弱者。"

也许，还可以为赵泽伟点上一支蜡烛，为这个曾经的受害者，后来的丧尽人性的施暴者。

打击校园暴凌，警钟长鸣。

09 | 别过来！你再走一步我就跳下去

"别过来！你再走一步我就跳下去！"

"你疯了吗？不能这样，同学们都在教室里等着你呢！"

"别靠近我！我不用你管！"

教学楼的楼顶上，美玲站在滴水沿旁边，情绪非常激动，欲轻生。这边，班里两个女同学苦苦地哀求着。

"你别往那儿走了，我求求你了！我给你跪下好不好？我给你跪下了！你别往那儿走了！"

美玲丝毫没有放弃的念头，根本不理同学们的哭喊，情绪越发激动，她依然喊着："你们不要过来！不要管我！"

美玲一只脚站在滴水沿下，另一只脚就放在滴水沿上，一上一下仅仅有10厘米的距离，一不小心，甚至重心一偏移，立马就会从五楼跌至地面，后果不堪设想。

"孩子，有什么事情给老师说，我们都会帮你的，你是我最喜爱的学生！"班主任也在极力地抚慰着她。

"孩子，看着我，你不能没有妈妈呀！"妈妈也来了。

跳楼、轻生、寻死……此时，初三学生命悬一线。

你为何要抛弃最亲的家人？怎么舍得朝夕相处的同学？又哪来的向死勇气？

五一假期之后的开学第一天，春薇上学来晚了，没赶上早读。爸爸把车子停在校门口，怎么招呼，春薇就是不下车。和校园一步之遥的距离，并且现在不是正课，是早读，哪个学生没有迟到过？为啥不下车，不来上学？

爸爸一直在陪着她，好心相劝，春薇就像过霜了的叶子，无精打采，默不作声。两手扣在一起，藏在校服袖子里。几缕头发从前额垂下，遮挡了目光，表情木讷，神情有些呆滞，脸色暗黄。爸爸好不容易劝其下车，她又溜到车后，还是执拗地不肯走。

7点28分～9点45分，两个多小时的时间，爸爸再怎么说，也没有劝回春薇。最近一个阶段，春薇不知咋了，隔几天就不想去上学，周六周日经常把自己关在屋子里，一个人静静地待着。从初二上学期期中考试后，春薇就慢慢地变了，变得寡言少语，变得自我封闭，学习成绩急转直下。

两周前的清明假期，春薇萌生了一个想法："爸爸，我想去看心理医生。"

"啥？！"

爸爸被这突如其来的问题吓了一跳。

"我的孩子，怎么可能？难道心理真的有问题？"

孩子为啥要主动寻求心理救助？

去年暑假，美玲的情绪波动一直很大，特别是姥姥去世后（她一直和姥姥生活在一起），对美玲的打击更大了。平时，在和同学们的交往中，她不自觉地流露出"没意思""不想活了"的心思。妈妈了解到情况后，及时带着美玲看了心理医生，医生诊断：焦虑障碍。

美玲、春薇……孩子，你们怎么了？

某市文明办、关工委做过这样一个调查：该市现有未成年人124.6万人，占全市人口的19.86%，其中城市孩子有41.8万人，农村孩子有82.8万人，在校中小学生有115万人。抽样调查资料显示，该市中小学生中有异常心理倾向的比例为15.2%，有严重心理问题的比例为3.2%；在初中生和高中生中，"师生关系""亲子关系"很差和较差的在"人际关系"六项调查指标中均排在一、二位；中小学生的"孤独""考试焦虑""敌对"及"交往焦虑"等问题，在"情绪状况"的八项指标中都位居前列。近年来，青少年患有心理疾病的比例日益提升，不少中学生不同程度地存在各种心理困扰和障碍，影响其健康发展。据不完全统计，目前北京常住人口中有200万左右的未成年人，即便是按照15%的全国平均值估算，出现心理问题的人数也达到30万之多。全国至少有6000万儿童存在心理问题。

我们不禁要问，青春期的孩子怎么了？

综合分析，未成年人心理问题主要表现在性格、情绪、行为、品德和情感五方面。性格失偏。内向、孤僻、抑郁、易冲动，在家暴躁，害怕与外界接触，遇事胆小、脆弱，没有主见，时常固执、任性，时有逆反心理，叛逆情绪较突出。情绪失常。情绪不稳，烦躁，经不起批评，爱发脾气，遇事紧张、焦虑，稍不满足就不断咒骂，发牢骚，甚至情绪失控，做出过激的事情。行为失控。较懒散，不愿意自己动手，怕吃苦，生活自理能力差，日常不讲卫生，时有说脏话、吐痰等不良习惯。身体动作明显，表现为坐立不安、课间讲话、做小动作、行为怪异等现象。品德失范。怕受责备，时有不诚实现象；对待师长不知礼貌；易受外界影响，由于好奇心强、生理发育早于心理发育等因素，使部分中学生早恋、吸烟、喝酒，并常表现出在公共场所不文明的举动；大手大脚，不知节约，浪费现象严重。情感失态。以自我为中心，敏感不安，待人冷漠，不注重亲情、友情和师生情，不会从情感上体谅父母、老师，不太理解关爱，也不太会关爱他人，缺乏爱心。

性格失偏、情绪失常、行为失控、品德失范、情感失态这些病态的显现，表明孩子生命生态已严重污染，成长的生命主体在病变。这些心理的病毒正在侵袭着孩子成长的未来。孩子清澈的生命之泓演变成了浊污的生命之患。

那么，究竟是什么造成了中学生心理疾患比例节节攀升的现状呢？一是学习负担的不断增加和家长高期望值带来的压力，让孩子承受越来越大的心理负荷；二是失去必要的玩耍机会，孩子的心理压力缺少缓解和释放渠道；三是缺乏抗挫体验和锻炼，孩子心理承受能力越来越差；四是过度保护的教养方式，阻碍了孩子独立人格的发展；五是父母缺乏心理教育和疏导的能力，对于孩子的心理异常缺乏警觉，无法提供必要的帮助和支持。因此，孩子们在高焦虑的社会和家庭环境下，变得越来越失趣、退缩和封闭。

孩子们的心理问题是外显的，而根源却是内生的。假如得不到及时的矫正和疏导，孩子的生命就会失重，成长就会失常，人生就要跑偏。问题就是这么来的，而当问题已经显现，时机往往已经错过，昨天的因导致了今天的果，矫正和救助往往显得无能为力。

让问题得到彻底的解决比较困难，但是，我们可以把当前的问题看作一面镜子，学会如何阻止问题的演化和病变。

问题的背后或多或少都存在一个病态的家庭关系，要么家庭结构缺失，要么家庭关系紧张。家庭关系对孩子的成长尤为重要，不健康的亲子关系犹如滋养病菌的温床，时间一长，生命就将病变。母亲缺位，孩子容易空虚忧郁、焦虑紧张、优柔寡断，也比较容易发生人际关系问题，难以表达自己，也难与人链接。而父亲缺位时，儿子很容易发生成瘾行为，例如沉迷于电玩、抽烟、喝酒、吸毒；女儿则很容易发生早熟、暴食或厌食症，对成年男子有兴趣，期待有人保护。家庭关系的紧张、夫妻之间的不和谐更是诱发孩子心理问题的主要因素，父母应当把建立优质的家庭关系当作经营幸福家庭的出发点和归宿。

兴趣是避免问题的良方。没有兴趣爱好，精神是空白的，世界是灰色的，生活是暗淡的。浓厚的兴趣，能让生活充满生机，寻常事物会变得很有价值，普通行为也变得很有意义；浓厚的兴趣，能让生命焕发活力，荒原中开辟出崭新绿洲，平凡中创造出伟大奇迹。兴趣驱动生命生长。在广泛的兴趣当中，有意培养阅读和运动这两个兴趣是必要的。成长在一动一静的交替中方能奏出和谐的生命乐章。阅读修心，运动修身。身体健康使人充满朝气、生机勃勃；心理健康使人心情愉悦、精力充沛。心身是长在一起的，俱佳的身心是生命的最好状态。兴趣是引领灵魂生长的原动力，因此，家长要把兴趣放到养育孩子精神气质的高度来培养。

解决"心惑"——给问题找个出路。当一个人的内心感到困惑、抑郁的时候，他最需要的就是倾诉并得到别人真诚的理解和帮助。但是有些教师和家长，仅仅关注的是知识的传授和考试的分数，却很少关注心理健康问题，更不注重解决心理的困惑，以致造成很多不良事件的发生。心惑宜解不宜结，孩子的心理健康教育是青春期的必修课，要让每个孩子都具有健康的心理状态和良好的心理承受能力，学会自我调适，锻炼心理的韧性，增强自身心理免疫的能力，在成才的道路上绽放生命的异彩。给"心惑"一个出口，搭建一个疏通的渠道，让精神舒畅，情绪抒发，心灵才能安放。

孩子的心理问题也许就是一个转身的距离，我们要把问题解决在身后，不要让问题跑到面前。当然，孩子的心理问题比较复杂，每一个孩子都是一个与众不同的生命，我们要做的就是为生命掌灯，为生命引航。

最终，美玲在110的协助下得救了，春薇也在老师的劝说下走进了课堂。

可是，这惊险的一幕真是一场生命的救赎吗？

走进课堂的春薇们真的能走出心灵的樊笼吗？

10　打"龙"记

上午第二节课,学生都在教室里上课。突然,一声尖叫从楼前划过,随后,一声接着一声,忽高忽低的撕裂声,惊悚而来……

教学楼前,一个穿红色上衣的男子手里攥着竹条正在追着抽打一个背着书包的孩子。

"你再跑呀!"

"昨晚你上哪儿去了?"

"我找了你一夜!"

"打死你,我还有两个(孩子)!"

……

竹条无情地起伏,嗖嗖作响,孩子在竹条的"伴奏"下,发出"哎呦""啊呀"的惨叫。

抽打好像也无法"抽"走男子心中的怒火,他更疯狂地用脚"踹",用手"捅"……

孩子慢慢蹲缩一团,倒靠在墙根旁。

老师们见状，纷纷谴责怒目狰狞、凶神恶煞的红衣男子。

原来，红衣男子是孩子的父亲。父子之间有何大恨深仇，让爸爸如此"对待"儿子？

我把孩子的父亲领到办公室，想看看到底发生了什么问题。父亲老龙，从外地来工业园打工。看上去有些憔悴，表情凝重，显得很落魄。我特意问了问他身上那件红色上衣，穿了有十多年了。目睹眼前的这位父亲，我心里涌出一种说不出的滋味，也增添了一份同情。

孩子昨天夜里出走了，凌晨4点，父亲发现孩子不见了，接着就去找，4个多小时后，在镇上一家网吧找到儿子，便送到学校，孩子执拗，死活不进教室，父亲的怒火再次爆发，才上演了那场打"龙"记。

现在，首要的是先缓和父子关系，再想办法让儿子回教室上课。三番五次，我总算把小龙"请"到办公室。我告诉他：爸爸打人不对，爸爸也是为了你好，让你好好学习，将来考上大学，走出大山。你想想，你爸爸容易吗？把你接来，供你上学，他自己一人在外地打工，一天工作十四五小时。你转过身来，看看你爸爸，他身上穿的衣服都十多年了，舍不得扔，还穿在身上，为的就是多省点儿钱，供你上学……

"你原谅你爸爸吗？"

"不！"

小龙回答得干脆有力。

怎么了这是？孩子为啥不肯原谅爸爸，并且态度如此坚决？

究竟是为什么？

把老龙支走，办公室里剩下我和孩子。

你为什么不能原谅爸爸？爸爸打人不对，可是他说，他心里一直爱着自己的儿子。你不喜欢爸爸吗？原谅爸爸好不好？我们回到教室上课？给爸爸一次机会，好吗？

再三地追问下，小龙说出了实情。

"他打我，我就不原谅他。"

"他经常打你吗？"

"打，经常打！"

"一丁点儿小事就打。"

"动不动就打！"

孩子没有撒谎，他的脖子上还留有两天前被打的印痕，腿上、胳膊上也有伤疤。

孩子的眼里，父亲就是"打"，"打"就是父亲，孩子的心里是"恨"。

打"龙"记，随时在这个家庭上演，主演就是龙父子。

爸爸天生喜欢打人吗？难道他不喜欢自己的儿子吗？

"小龙迷上了游戏，三天两头往网吧里钻，孩子学坏了。"父亲生气地说道。

昨天下午放学后，小龙遇到了网吧认识的游手好闲的"老朋友"唐，他们商定好了今天晚上的"行动"。

夜里11点，等大人们都睡着了，唐悄悄来到小龙爸爸打工厂子的宿舍。翻过窗子，悄悄来到小龙的房门前，拿走门外的锁，把小龙"放"了出来。最近,小龙的爸爸为防止小龙外出,睡觉前都把小龙的房门在外面用锁挂上。今夜"行动"大功告成,他们来到了网吧。

老龙醒来后,发现情况,马上出去找人。两三个小时过去了,身在网吧的小龙,一直提心吊胆,心里想,万一被发现肯定又是一顿惨揍。凌晨4点多,小龙回到家里一看,灯亮了,门开着。小龙吓坏了,想想父亲那张脸,还有那根竹条,不由得打了个冷战,汗都吓了出来。虽然离家就一步之遥,可是,他再也不敢往前迈一步,无助的小龙又折回了网吧。

老龙找遍镇上的十多家网吧,终于找到了小龙。一场打"龙"记再次上演。

没有文化、不善言辞的父亲,知道网瘾不是好东西,心疼自己的孩子,怕学坏了,遇到问题,只知道"打"。

怕"打"成为小龙心里的恶魔,躲"打"成为小龙每天思考的难题。网吧无疑是最好的选择和去处。

小龙患上网瘾,也许,老龙治疗网瘾的唯一家教处方就是"打"。"打"成了这个家庭的家常便饭,越打越"生",越打越"硬"。"打"已经彻底关闭了父子间沟通的桥梁,"打"成了父子间唯一交流的方式。"打"已经在孩子的心灵里结出一层又一层厚厚的伤疤,几乎无法治愈。

小龙的家庭是典型的中国外来务工家庭。他们来自贵州省铜仁市松桃县一个贫困的小山村。父亲十七八岁就在全国各地打工,在广东打工期间认识了一个河南姑娘,后来两人成了家。2001年他们有了自己的孩子小龙。为了照顾孩子，母亲回到了河南南阳老家，老龙自己一人在外打工，一年365天，在家的时间也就是过年的那几天，即使家里多了弟弟妹妹，老龙也没有停止外出打工的脚步。

小龙的小学是在河南南阳的一所寄宿制学校度过的，那时的小龙是快乐的、幸福的。

小学六年级的暑假，小龙的表弟约着小龙来到网吧，表弟花了2元钱，请小龙在网吧里玩了一小时。网吧，第一次出现在小龙的世界，给他带来无限的快乐和新奇，也在小龙幼小的心里种下了恶魔的种子。在第二次之后，小龙的身影便经常出现在网吧里。从此，小龙仿佛来到了另一世界。

新学期，一只脚刚刚踏入初一的校门，另一只脚始终没有走出网吧的门槛，特别是初一下学期，小龙的成绩一路下滑，英语成绩从入学时的107分，狂掉到期末考试的30分。而同时，他的网络"英雄联盟"的战绩一路飙升，直至封顶，达到30级，排位上升到黄金级别。

这期间，妈妈只顾着弟弟和妹妹，却忽略了小龙。网瘾慢慢腐蚀着小龙，使他变得越来越疯狂，从周末的一两小时到离家出走十几天。他舍不得花每周的零用钱，攒起来上网。没钱了，悄悄摸到妈妈的钱包，被发现了，又悄悄盯上了姥姥的抽屉。从拿妈妈10元的偷偷摸摸，到偷爸爸100元的明目张胆，再到骗姥姥3000元的有恃无恐。爸爸在外地打工，妈妈照看两个孩子，小龙在"网络空间"里"茁壮成长"，在网瘾的路上越走越远。

老龙急了。

今年年初，父亲把小龙从河南姥姥家接到山东，带在身边，并安排在打工住地中学上学。

小龙惦记的不是和谁在一起生活，不是在哪里上学，他关心的是周边是不是有网吧。

这一年，小龙并没有随着地点和环境的改变而改变，他的网瘾越来越大。老龙看在眼里，急在心里，"打"在了手上，这是一个老实巴交的农民唯一想到的和能做到的。

小龙被爸爸接出来之前，是典型的留守儿童。为了生存和生活，父母撇下孩子，选择了打工挣钱，孩子在老家和外婆外公一起生活。这也许就是中国外来务工家庭生活生存的标准模式。他们都以牺牲孩子的教育换取了经济上的宽裕。孩子从小在茫茫人海中漂流，生命长河里缺少了父母的导航，跌跌撞撞，生命的成长迷失了方向。

小龙从被邀请上网到自己主动去网吧；从2元、10元、100元到3000元；从2小时、2天到十多天；从107分到30分……如果家长及时发现，如果父母都在身边，如果父母在每个发展过程的第一环节及时介入，给予引导，把握方向，小龙的生命成长就会转向。很可惜的是，小龙错过了太多第一次。

网瘾并不可怕，重要的是及早介入，主动预防，积极引导。

我把老龙叫回来，狠狠地批评了他这种拿起竹条就"打"的错误做法，告诉他，要用爱换回曾经"打"走的亲情，用沟通和交流来"链接"父子之间的隔阂，用陪伴弥补孩子心中父亲的缺席。

现场的气氛稍微缓和了。面对父子二人，我说，你们两人都做得不对，都要承认自己的错误。从今以后，父亲不准打儿子，儿子只能在家上网，必须是周六周日完成作业之后。父亲先带头做到，互相监督。

我告诉老龙，小龙从来没有过过一次生日，今天小龙放半天的假，你去订个蛋糕，买身衣服，晚上给孩子过次生日，把以前的都补回来。父子俩都接受了这次调解。

看着一前一后走远的父子，我不禁问，生日能补回来，青春和亲情能补回来吗？

愿天下没有打"龙"记，只有成"龙"记。

11 | 贩卖希望

贩卖和希望，这在中国的语境里是不搭边的两个词，连在一起不容易理解。分开来看，贩卖是指买进货物后出卖，希望，是指心中最真切的幻想、盼望、愿望，期望达到的某种目的或出现的某种情况。

"贩卖希望"，难道我们心中的"希望"能像水果一样买来买去、卖来卖去吗？难道"希望"能作为一种商品拿来交易吗？

但是，有一个人，她一生从事的职业就是"贩卖希望"。

这个人就是美国2015年国家年度教师莎娜·皮普斯。

美国国家年度教师是一种至高无上的国家荣誉。1952年创设，每年500万教师中只有一人当选，获奖者会受到美国总统的接见。

现年50岁的莎娜·皮普斯，是美国得克萨斯州北部城市阿马里洛帕罗·杜洛高中的一名英语教师。她还是学校英语语言艺术部主任，并兼任帕罗·杜洛高中和学区的教学教练、夜校英语教师。2015年4月29日，美国总统奥巴马在白宫举行隆重仪式，向她颁发了一只刻有"2015年国家年度教师莎娜·皮普斯"的水晶苹果,并盛赞她努力工作,获得并保持了学生的信任,帮助他们发现了成长的新路。而她自己却谦逊地说:"在某种意义上,我只是贩卖希望。"

如何"贩卖希望"?

也许能从莎娜·皮普斯的报告中找到答案。

帕罗·杜洛高中是一所美国联邦政府认定并重点资助的、有大量处于危险和高度贫困学生的学校,这里学生的主体是经济地位处于劣势的社会阶层出身,其中10%的学生是难民。进一步来说,帕罗·杜洛高中不仅有大约90%的学生生活在贫困线之下,而且招收的难民学生的人数在同类高中里是最多的。

这就是莎娜·皮普斯所面对的学生。接触到这样的班级,莎娜·皮普斯告诉自己:要尊重每一个学生和他的家庭,从心底真正关心他们。她认为,饥饿、贫困、疾病、战争以及家庭出身这些外在的环境,无形当中为这些孩子的学习自然造就了难以逾越的困难和障碍,但是,莎娜·皮普斯觉得这些并不可怕,她更担心的是孩子们看不到生活的希望。

所以,作为老师,莎娜·皮普斯要做的是走近每个孩子,取得每个孩子的信任。她说,我学到的第一个和最重要的经验就是要创造与所有学生的紧密关系。莎娜·皮普斯清楚,这些学生来自不同国度、信仰相异的家庭,各有不同的经历,身心两方面都遭受了重创,他们怀疑身边的一切。莎娜·皮普斯明白,想要取得他们的信任非常困难。可是,作为他们的老师,只有取得他们的信任，才能带领他们走出人生的泥潭。莎娜·皮普斯常常告诫自己，一定要和善，让学生理解我们是尊重他们的，让他们自己相信自己。

莎娜·皮普斯做足了功课，她了解班里每个学生的家庭背景，知道每个学生的生日，清楚每个学生的需求，掌握每个学生的个性。然后，沿着尊重—信任—鼓励—自信—希望的教育路线，巧妙利用写作和系统科学的教育活动，感化唤醒每个学生。

"你可以做到这一点""你是重要的""这是一个令人深刻的印象""同学们都很满意你的回答""你创造了新的想法"……这些都是莎娜·皮普斯挂在嘴边的话语，她要让学生明白，老师是真正关心他们的。一点一滴，孩子们慢慢驱散了心灵的雾霾，捡回了自信；一日复一日，学生们渐渐扬起生活的风帆，燃起了希望。

皮普斯经常是"孩子们生命和生活中的关键成年人，她就像一颗洋葱，里面总有很多新叶子"，桑迪·威特洛校长说。

如果把知识比作一朵花，那么，自信和希望就是阳光和雨露。作为人，知识好比躯体，希望就是灵魂。知识固然重要，但是自信和希望的力量更伟大。一个人可以缺少知识，但不能没有希望。知识可以是一时的，希望却是一世的。莎娜·皮普斯的教科书里，她把希望看得比任何东西都重要。

美国总统奥巴马在颁奖仪式上说："莎娜努力工作，以获得并保持他们的信任，帮助他们发现成长的新路——学术的和情绪的，以超越他们的现在，并实现他们的未来。'在某种意义上，我在贩卖希望。'她说。我爱这个方法。她的学生渴望希望，大多数孩子渴望希望。"

一样的课堂，一样的学生。我们只能隔海相望，望洋兴叹！去年暑假，英国BBC拍摄的中国教师在英国上课的纪录片也许能让我们了解东西方课堂的对抗和思维文化的碰撞，以及不同教育生态的挑战。把两个课堂放在一起，把两种思想摆在讲台上，我们也许会有这样的发现（答案）。从某种意义上说，人家是在贩卖希望，而我们是在贩卖知识；人家唤醒的是希望，我们灌输的是知识；人家是育字当头，我们是考字领先；人家一切向成人看齐，我们一切向分数看齐。我们的教室就像一间间的车间，是在同一个模式下、统一的流水线上制造裹挟着分数的产品。从某种意义上讲，中国的一些课堂是贩卖知识。贩卖知识是当下中国教育另一面的真实写照，是急功近利的短视行为。看不到教育的产品是有血有肉有灵魂的人，只是盯紧了冷漠无情的分数。有的孩子被分数碰得鼻青脸肿，有的学生被分数压得弯腰驼背。学生就是一个高速运转的分数机器。有的学校拿着课本在践踏着生命，用分数在摧残着未来，只要有了一个优质的产品就疯子一样满街地吆喝。自己却忘了，是用学生的命运和前途垫付或透支了炫耀的资本。这些都是畸形教育的表现。

站在希望的背后，你会触摸到黑暗的可怕。

在百度上输入"学生自杀"四个字，立刻就会跳出584万条信息，且选择自杀的大多都是优秀的高分制造者。2016年3月，香港特区政府成立"防止学生自杀委员会"，全面了解和分析自杀原因。透过这些信息，你也许会明白贩卖希望焕发的无限生命力量，更能体会只会贩卖知识的畸形教育残喘着的哀鸣。

只要希望在,一切都在。

不知从贩卖知识到贩卖希望还要走多远?

12 | 你是我的眼

周五是胡乃珍回家的日子。

放学后,胡乃珍收拾好东西,拿起给父亲买的止咳药,便急匆匆地踏上了回家的路。胡乃珍的家在半程镇东北部的山岭上。学校离家20多里地,骑车需要个把钟头。路上,胡乃珍紧骑慢骑,到家还是天黑了。

"她爸,玲儿(胡乃珍的乳名)回来了。"母亲告诉父亲。

车子刚到门口,父母便能辨听出自己的孩子回来了。

慢慢飘来的车铃声,对于胡乃珍的父母来说再熟悉不过了。六年来,每到这个时间,他们便准时坐在堂屋门口等待这个熟悉的声音。

父母听到这个声音是多么高兴,喜悦之情溢于言表,脸上即刻绽放出幸福的微笑。家里的小狗也兴奋起来,昂起尾巴,挺起脖子叫个不停。院子里的小鸡都急切地飞似的奔向了门口。寂静了一周的院子顿时活灵了起来。

胡乃珍搬着自行车，迈过高高的门槛，把车闸在了鸡笼旁。接着，收起爸妈的手杖，牵着二老的手，走进了屋里。

"爸，这是给你买的止咳药，医生说了，每天早晚各吃一片，要按时吃……妈，这是蜂蜜，我给你买回来了，还有电池……"

上次回家，胡乃珍发现父亲的咳喘病又犯了，老是忍着，心里很着急担心。这个星期，胡乃珍专门抽出时间，到镇上药店为父亲买了止咳药。她还记得上个周末带着母亲一起赶集，由于去晚了，没买到蜂蜜，这次一起买了回来。胡乃珍又想起了家里的报时表没电了，顺便捎回两节电池。

胡乃珍边说边把买来的药和蜂蜜分别放在父母的手里，并再次用力握了握两位老人的手。然后，再三叮嘱："爸，我把你的药放在床头边桌子上的那个纸盒子上了。妈，我把蜂蜜放在吃饭桌子左边的抽屉里了。"然后，胡乃珍把两节新电池装在了电子表里。这个电子报时表陪伴老两口快20年了。

"北京时间晚上6点30分。"

电子表里又发出了清脆悦耳的报铃声，这声音就像一缕阳光再次照亮父母的整个世界。

胡乃珍的家与周围邻居的房子比起来，特别"显眼"，门前是一米多宽的土路，山岭的碎石块堆起的简易院墙，用土坯垒砌茅草苫盖的两间堂屋，人站在屋里伸手就能摸到房梁。如今，这样的房子即使在最贫困的农村也很难找到了。昏暗的屋里一张张整齐地贴在墙上的奖状和喜报显得格外醒目。

妈妈摸索着把胡乃珍拽到身边，摸摸她的头，捋捋她的发，拍拍她的背，捏捏她的手，拽拽她的裤脚，从头到脚，妈妈都仔细地用手"打量"了一番，好像哪里摸不到，就不放心哪里。

玲儿是这个家庭的希望。

熟悉胡乃珍爸爸的人都称呼他老胡。老胡今年74岁了，在黑暗的世界中生活70多年了。老胡在很小的时候，那时他还不记事，得了一场重病，由于家庭条件不好，没钱医治，导致双目失明，从此，他的眼前一片漆黑。而他的妻子也是一位盲人，仅仅凭借一丁点的感觉，稍微能分辨出白天和黑夜。一根探路的竹竿牵着两位同病相怜的人，一路走来太不容易了。老胡一生养育了三个孩子，大女儿已经出嫁，儿子在青岛打工，胡乃珍是小女儿，也是老胡最珍爱的宝贝。大女儿只读小学三年级就辍学了，儿子初二只读一个星期。说起孩子的教育，老胡后悔的是当时自己有病，家里穷，没办法，只有让老大辍学。最痛心的是，儿子到了初一下学期迷上了网络，后来说啥也不上了。对于老三胡乃珍，老胡下了决心，只要孩子想上学，就是省点儿、借点儿也要供着孩子，让她学业有成。

胡乃珍在父母的眼里是听话懂事的孩子。每每谈起小女儿，父母总是格外高兴。胡乃珍平时住校，每周回家一次，每次回家就是父母的小广播小电视，把看到的听到的、生活中的校园里的新鲜事新奇事讲给父母听。胡乃珍告诉父母：我就是你们的眼。有了玲儿，父母在黑暗的世界里不再痛苦，寂寞的世界里不再孤单。他们透过女儿的眼睛领略了四季的变换，穿越了拥挤的人潮，看见了这眼前的世界。

周六周日是两位老人最高兴的日子。除了给父母说道说道，胡乃珍更是闲不住，帮助父母洗衣做饭、打扫卫生、整理家务，把家里整理得干干净净，拾掇得井井有条。

再有两个月，胡乃珍就初三毕业了。小女儿初中毕业后的出路，一直是老胡放不下的心事。这两天，他一直在琢磨这件事。整日睡不好，吃不消，着急上火，咳喘的老毛病也犯了。其实，老胡心里有个愿望，盼着小女儿早点儿参加工作，毕竟父母年龄都大了，多积攒点儿钱，以后好找个好人家嫁了。老胡说，他看着医院里护士工作怪好，希望玲儿报考卫校。今天正是机会，他想和女儿说说。

老胡把女儿招呼在身边。

"玲儿，快毕业了，你打算考啥？"

"你有啥想法，快给你爸说说。昨天下午你班主任王老师还到我们家来了，也说起这个事。"妈妈在一旁帮腔道。

班主任王老师和他同村的姜老师也都十分关心这个孩子。昨天一起找到胡乃珍的爸妈，商量孩子学业的事情。

胡乃珍想上高中，父母不太赞成。

看得出，胡乃珍有点儿难过。

"爸，俺想上高中。"胡乃珍想了半天，说出了心里的想法。

"孩儿呀，你爹你娘都是盲人，身体都不好，整天吃药，你再看看咱这家庭，上个卫校，三年后就能工作挣钱了。上高中，再往后，还得好几年，你说咋办呀？"老胡说出了心里话。

"玲儿，听你爹的吧！"母亲叹了一口气。

胡乃珍不作声，一直低着头，揉搓着手里的一缕头发。

"北京时间晚上 7 点 30 分。"

墙上的电子报时钟又响起了铃声,这优美的铃声犹如一股暖风吹散了此时凝重的气氛。

"爸,妈,我去给你们做饭去。"

玲儿一边做饭一边告诉老胡:"在回家的路上,两边的迎春花都开了,就像挂在路两边的黄丝巾一样,和着起伏的山路迎风飘舞。"

她还说:"我们家门前的那棵桃树也开始发芽了……"

"是呀,春天来了,花草树木开始发芽了,秋天就有希望了……"老胡自语道。

夜幕下,一家三口围坐在一起吃起了团圆饭……

13 | 老师，请给我一次机会好吗

近日，参加了第十一届中国名校长高峰会议，根据会议议程，听了一节课。

我来到七年级十五班教室后排靠近窗边的一个座位坐下。执教的是江苏的一位老师，她讲的是人教版语文第27课《皇帝的新装》。48名同学分8组而坐，教室干净明亮，文化氛围浓厚。来自全国的30多位专家填满了教室的角角落落。

一阵悦耳的铃声飘过，课开始了。老师精神饱满，声情并茂；学生端身正坐，神采奕奕。授课从小组预习问题的提出开始，层层展开，每个环节收放自如，教学互进，教师在"导"的引领中布局谋篇，学生在"演"的角色里自信张扬。45分钟的课堂，教学结构缜密，教学路径清晰，学讲渗透，合作、质疑、拓展有声有色，近乎完美的展示课。可以说，整节课学生们都充满了激情和表现自我的欲望，每个问题的下面都活跃着一只只小手，闪烁着一片片渴望表现和得到老师赞许的目光。

回顾整节课，学生们的表现可圈可点，积极自信，踊跃举手。但是，我注意到紧挨着我前面的一个女同学，也就是6组的6号同学，一直在举手，每个问题她几乎都举手，老师却一直没有注意到这个角落里伸出的"这只小手"。下课后，我问她："同学你好，老师没叫起你回答问题，你难过吗？"她羞涩地低下了头。看得出来，她是一个内向腼腆的孩子。

一场完美的教学"秀"场结束了。我没有统计这节课老师一共抛出多少个问题、每个问题的有效回答率、回答问题的时间、难易程度的比率是多少……也不知个体学生和整个小组举手的次数，回答问题的次数、正确率、比率以及问题的掌握程度是什么情况。不过，这些数据的整合分析更有助于教师因"数"（数据分析的结果）施教。如果是这样，6号学生下次一定会引起老师的注意。然而，在没有数据支撑的情况下，大多数老师都在思维习惯的作用下忽略了5号、6号同学，更多关注的是1号、2号同学。这个本应该给予更多"关照"的群体恰恰成为老师目光中的"盲区"。1号、2号同学标准答案式的回答，掩盖了5号、6号同学的表达和表现，大树之下的小草永远得不到阳光和雨露。

我忽然产生了一个疑问，我们追寻的教育民主和自由哪里去了？

抛开数据不说，让我们再回到课堂。老师的目光是有距离的，她的视线大多触及身边不远的一两个小组或者身边的那三五个同学。那一两个小组或者身边的那三五个同学代表了班级的全部。一个月、两个月、一个学期……我想6号再也不会举手了。难道这不是课堂上教师"专制"下的民主吗?这种没有"自由的民主",时间长了,还有活力和生命吗?课堂成为寻找标准答案的地方,更何谈学生的想象力、好奇心、创造力?

有一个团队做了这样一个实验。

测试者用粉笔在黑板上画一个圆圈,请被测试者回答这是什么。结果,当问到机关干部时,他们一个个面面相觑,都用求救的眼光看着在场的领导。领导沉默许久,说道:"没经过研究,我怎么能随便回答你的问题呢?"当问到大学中文系学生时,他们哄堂大笑,拒绝回答这个只有傻瓜才回答的问题。当问到初中学生时,一位尖子学生举手回答:"是零。"一位差生喊道:"是英文字母O。"他却遭到了班主任的批评。最后,当问到小学一年级的学生时,他们异常活跃地回答:"句号。""月亮。""烧饼。""乒乓球。""老师生气时的眼睛。""我家门上的猫眼。"……这次测试的题目是:人的想象力是怎样丧失的?

通过实验不难发现,大学生、中学生、小学生、幼儿园的孩子的想象力随着学识的增加而降低。所以我们得出一个答案:受教育程度越高,想象力、好奇心越贫乏,课堂成为想象力的杀手。看到这里,你也许会更能理解钱学森之问了。

最近,我们从BBC纪录片中式教育对抗英式教育中可以看到英式教育和中式教育之间的差异。英国课堂,老师是启发引导思考的组织者,欢迎挑战(民主);中国课堂,老师是传道授业解惑的权威,不容挑战(专制)。英国课堂,教室里从几个、十几个到二十个学生,课桌上就一本书、一支笔;中国课堂,一个教室挤满一屋子学生，课桌里、课桌上到处都是书和资料。英国课堂，个性答案满天飞；中国课堂，标准答案大行其道。英国课堂，学生三番五次地争相表达交流思想，并且为每个成员提供了施展才华的机会和体验成功的喜悦；中国课堂，一半学生有机会跟大家分享他的思想。另外，英国老师非常注意学生的人性化发展，喜欢听取学生自己独到的见解，发挥个性化的思维，在讨论中，老师更希望学生能够表达自己的意见，而最终学科成绩则与平时小组讨论的观点陈述息息相关。

其实，这是一个老生常谈的问题，是个不是问题的问题，并不新鲜。当把这个问题摆在国外课堂面前，放到创新国家建设的大责任中，可能就有了新鲜味。今天，再次捡起这个话题，也许更值得我们关注和思考。

伟大的科学家爱因斯坦说过一句话：我不是什么天才，我之所以能够有一点贡献，就是因为我对这个世界始终保持了强烈的好奇心。

让课堂成为培养孩子好奇心、想象力的希望之地吧！

老师，请给我一次机会！

14　坚强的阿妹

阿妹出生在贵州省大山脚下的寨头村,一个贵州最贫穷的地方。

阿妹个头不高,留着长发,眉宇下不屈的眼光里透射着一丝坚毅。

阿妹是一名初三的学生,今年是她走出大山的第六个年头。

阿妹曾是苗族山寨的漂亮小姑娘,如今是成长在校园里的束发少女。

阿妹的苗族名字叫万祖婵。

我喜欢叫她阿妹。自从遇见阿妹就被她那种不为生活所迫、坚强不屈,不向命运低头、自强不息的精神感动。

那是暑假里的一个下午。我和李主任在办公室准备收拾东西回家。转身的工夫进来了一个学生。她问道:"老师,我想看看我的学籍是不是转来了。"正好李主任负责她的年级,就告诉她:"过两天开学后,查一查学籍档案就知道了。"她点点头,接着,她又嗫嚅地问起："我下学期能不能申请住宿生救助金？"声音低得很难让第三个人听见。语气非常地弱，很难为情地说出口。怎么了？我在心里问自己。哪有学生主动申请救助金的？想一想，这种情况下，一个女孩，需要鼓足多大的勇气，在老师面前祈求生活的补助？大人都很难说出口，一个十五六岁的女孩子不被逼到走投无路，是很难做到的，背后很可能有难以言喻的痛楚。"你需要帮助吗？家里是不是很困难？"这句话戳痛了她的内心，她悄悄地低下头哭了……

六年前，阿妹跟着母亲坐上了一辆客车，经过三天两夜走出了生活10年的大山。随着颠簸出山的客车，她的命运也在悄悄地发生着变化。她们母女俩来到半程镇山水口村的一家篷布厂。从此，阿妹与离家1700多公里的半程镇结下缘分，与母亲一起住进了自己的新家——10多平方米的工厂宿舍。母亲一天12小时在车间里工作，白班晚班轮番交换，阿妹在附近的一所小学上学。这一晃就是六年。

在阿妹懵懂的记忆里，老家有山有水，梯田山岭，绿树葱茏，可以对着大山歌唱；这里的新家处处是车间厂房，尘土飞扬，空气混浊，噪声刺耳。她说，山里的家给了她快乐，这个家让她学会了长大。其实，这里的家哪能算得上一个"家"呢？10多平方米的空间里既是客厅厨房，又是卧室。摆上两张床，放上一张吃饭桌就没有插脚的地方了。中间拉一个帘子，母女就能入睡了。别人家的孩子可以吃上父母端到桌前的热饭菜，可以在父母面前撒娇，可以和父母说说话聊聊天，这些对阿妹来说都是一种难得的奢望，甚至能和父母静静地待一会儿都是一种莫大的幸福。

在这个家里,阿妹和母亲相处的时间是可数的。阿妹只知道一早坐上校车上学去,下午跟着校车回来。她不明白母亲为什么总是不在家。她哪里知道,母亲为了她姊妹三个在拼命地工作着。阿妹母亲最大的希望就是多卖点儿力气,多挣点儿钱为阿妹的哥哥建起房子,娶上媳妇,让阿妹好好学习,走出大山。

开学了,我再次见到了阿妹。在我的办公室里,我打开百度地图让她寻找自己的家乡。她告诉我,她的家乡在贵州省黔东南苗族侗族自治州三穗县台烈镇寨头村,我在百度地图上一个地点一个地点地输入,随着地图慢慢放大,她家乡的轮廓越来越清晰,"寨头村"三个字浮现在眼前。

"想家了吗?"

"想!"

"家里还有亲人吗?"

"有。爷爷奶奶、外公外婆。"

此时,阿妹显得有点儿不自在,她的眼睛湿润了,悄悄地转过身去,流下了伤心的泪水。

一张小小的地图荡起阿妹丝丝的乡愁,这也许就是外来务工子女最脆弱的心事。

眼前这个苗族姑娘柔弱的内心被一张小小的地图"打倒"了。她想家了,她想到了从前,也想起了现在。眼睛里流下的是伤心、难过、委屈、抱怨的泪水,也流露出不屈、抗争、顽强、坚毅的目光。

记得美国前国务卿康多莉扎·赖斯的爸爸说过一句话:"你也

许不能控制你的环境，但你可以控制你对环境的反应。"

是的，阿妹面对命运没有屈服，她用默默的努力和奋斗在改变着身边的一切。

今天，我特意来到篷布厂告诉阿妹妈妈一件事。在车间里，我看到了这位日夜操劳略显苍老的苗族阿妈。我把阿妹这次月考的成绩递到她手上，阿妈用沾满污垢的双手轻轻端起那张字条，看了又看，显得有些紧张。我忽然想起阿妈不识字，便大声地告诉她："你孩子这次考了全班第一，全年级第五！"我还让她放心，救助金也有了着落。阿妈紧张的表情豁然开朗，满额汗水的脸上绽放出灿烂的笑容。

阿妈告诉我，阿妹对她说，将来一定要考上重点大学。

阿妈还告诉我，今年她们母女俩一起回家过年。

15 给她一个出口

初三,是学生迈向生命长河中的第一个十字路口,大多数孩子要面临人生中的第一次选择。这个时候,应该如何选择?怎么走?

有这样一个农村小女孩。她的嘴边镶着一对甜甜的小酒窝,讲起话来洋溢着爽朗的笑声;她的额头上挂着一抹"小前瓦",仰起头来透着农村孩子的娃娃气;她的脚下飘着轻盈的步伐,走起路来就像荡起跳动的音符。

她小有名气,在初三年级无人不知,无人不晓,她就是自称"小乐乐"的庄潇。

再有两个月,庄潇就将走出这个校园。回忆庄潇熟悉而可爱的笑容和快乐的身影,忽然觉得眼前的孩子是那么陌生。

她甜美的笑脸,圆圆的脸蛋,水汪汪的眼睛,高高的鼻梁,再加上标志性的"小前瓦"、浅浅的"小酒窝",就是校园里的"小福娃",难怪她自称"小乐乐"。她活泼可爱,无忧无虑,脸上总是挂着甜美的笑容。无论哪个老师遇见她,都会被她扑面而来的热情感染。"老师好！"一句发自内心的温暖问候，伴随着那憨态可掬的手势，你立刻会被她的欢乐"传染"，感到春风拂面般愉悦。如果她和你稍一熟悉，就会远远地伸开手臂，送去开心的问候："嘿……老师好！需要帮忙吗？"她的欢乐会"染"遍你的全身，让你陡增精神走向课堂。校园里，甜美的笑脸和温暖的热情成为庄潇靓丽的名片。

她是班长。班里的同学都对这位工作上敬业、生活中热心的"女汉子"充满了尊重和敬畏。她管理班级、维持纪律有一套，软硬兼施，恩威并重，班里的同学都服服帖帖，即使是身强力壮的男同学，在她面前也"俯首称臣"。不管是老师上课，还是同学们上自习，只要有违反纪律的，她就会不顾一切地去制止，她那严肃泼辣的劲头就像热锅里的辣椒油一样浇在你身上，让你浑身难受，还说不出苦痛。因此，她也荣获了"小辣椒"的"美誉"。遇到难管理的学生，她自有方法。班里有个身材魁梧的"大高个"，平时爱惹事，欺负"小同学"，老师同学拿他没办法，也是庄潇难"啃"的"硬骨头"。这一次，庄潇计划好好地"整"他。她精心巧妙地设计了一个"批斗会"班会课。她亲自主持，发动每一个受"大高个"欺负的同学上台控诉，诉说自己是怎么受欺负的，数落数落"大高个"的种种不是，并希望以后"大高个"怎么做。八九个同学纷纷上台讲述了自己的委屈，用泪水一点一滴地感化着"大高个"。"大高个"强壮外表内的灵魂被触动了，主动登台向同学们道歉。"批斗会"的"伤疤"并没有转化为"大高个"的"仇恨"，而成为化解同学矛盾的一缕春风，滋润着班里每个孩子的心灵。事后，庄潇利用开家长会的机会，把这件事告诉了"大高个"的母亲，请求家长谅解。"大高个"的妈妈并没有责怪庄潇，反而感激她对自己儿子的教育。

她有爱心。班里张同学在校外实践基地活动时，不小心受伤了，她组织班里比较要好的同学出份子凑钱，买了牛奶、鸡蛋等补品到医院去看望张同学，送去同学们的祝福。不仅如此，她还把爱心延伸到年级。二班杜班长在做操时不小心摔倒，受伤骨折，住院了。庄潇听说后，自发组织其他十三个班级的班长和学生代表，带着补品，一同前往医院去慰问，送去了全年级学生的温暖和祝福。

庄潇还是同学们心中的"小能人"。她聪明智慧，有商业眼光，精打细算，善经营，会赚钱。天热了，她当起了"小老板"。庄潇家住镇上，离学校比较近。她打起了卖冰激凌的算盘。她先悄悄地打通了一个办公室老师的关系，用自己的零用钱到冷饮厂购买各式各样的冰激凌，找来箱子用小棉被包好，上学时间偷偷带到那个老师的办公室，中午的时候，悄悄地以低于学校小卖店的价格卖给同学们。她不是叫卖，而是暗地里用"传销"的方式去销售。一个传一个，同学们都悄无声息地去买庄潇的冰激凌。当然，老师免费赠送。一个月下来，一合计，净赚200多元。她说，挣了这些钱很高兴，数钱的时候特别兴奋。我问她，挣来的钱你是怎么花的？她告诉我：都为同学花了，比如，给同学过生日买礼物、看望同学等。

这一桩小生意，带给庄潇从未有过的兴趣和快乐。营销的快乐和兴趣犹如一粒种子悄然种在了庄潇的心田。暑假，她的野心更大了。这回，她鼓动起家庭的力量参与到她的生意当中。说服妈妈筹来资金，买上冰柜，拉拢爸爸找到城管解决地点问题。自己创业，办起了冷饮代卖点。她善于经营，品种齐全，价格低廉，服务热情，镇医院门口的庄潇冷饮点经营得红红火火。暑假里，不到两个月的时间，进账小四千。

然而，就是这样一个热情大方、会管理懂经营、组织能力强、富有爱心的小女孩，却不是家长心目中的好学生。原因只有一个：成绩不好。

带着这个问题，我专门翻了翻她的试卷，了解到庄潇七年级的四次考试平均成绩为380.6分，排名42名（全班55人），八年级四次考试平均362.5分，排名45名。

快毕业了，我问庄潇："毕业了以后，你打算怎么办？"

她说："老师，我成绩不好，考高中没打算，考职业中专没希望，俺妈妈让我回家干活。"她又说："老师，我就想当营业员，我觉得卖东西很好。""老师，你说我干什么好？"她反问道。

是呀，她这一问，我却无言以对。

在和一位同事的聊天中，碰巧遇到了这样一个生活在城市里的贾同学。贾同学转学来到这个相对较好的学校，他的姑姑是这个学校的教师。家长的意思是，有姑姑看着孩子，成绩一定提高得很快。偏偏事与愿违，孩子并没有通过转学来到姑姑身边而变得热爱学习，他的成绩还是没有起色，反而他的网店却开得风生水起，每月都有上千元的收入。他多少次告诉父母和姑姑，流露出对学习的反感和厌烦。但在网店的订单中，在与客户讨价的交流里，他找到了兴趣，产生了兴奋，体验到了成功的快乐。在课堂上，书本里，他却找不到那个拨动兴奋的点。

兴趣是最好的老师。这是教育者经常告诉家长的一句话,也是我们经常告诉学生的一句话。两个校园的初中生,一个在农村,一个在城里;一个是男生,一个是女生。他们的兴趣不在校园、课堂、书本上,他们的爱好在市场和生意里。他们即将走出校园,可是他们的"出口"在哪里?

两个孩子都不是家长心目中的"好孩子",因为家长眼里只有"分数"两个字。

《华尔街日报》儿童教育专栏作家三川玲认为:最好的教育,就是帮助每一个孩子,去找到自己的生命价值。从事着自己喜欢的事情,过着自己想要的生活,这就足够了。教育,就是生活,生活,就是以哪种方式去活着,就是我们常说的生活的方式。我所理解的教育,应该称之为:生命方式。就是选择哪一种方式度过自己的生命。对于生命,每个人,只有他自己才能对它负责。这是任何人都代替不了的,无论你是他的亲爹,还是亲妈。

教育就是找到一个人的"生命方式"。家长的眼里不能只有分数,不能拿着孩子不感兴趣的成绩这把尺子,来衡量自己的孩子。试问我们的家长,你是不是总按照自己的意愿,设计着孩子的未来?孩子是不是成了你完成自己心愿的工具?你是不是总打着"为你好"的旗帜,对孩子要求这要求那?

你的一切都成为"绑架"孩子的枷锁,孩子不是为自己活,是为你而活。

换个角度想想,如果有人总按照他的意愿要求你,把你的生活都"安排"得满满的,你每天做的,都不是自己想做的,但是,你必须做……

所以,家长们,不要再逼迫孩子了,你真正应该考虑的是,如何启发孩子,引导孩子,为孩子在生命成长的长河中打开一个奔向属于他们的这种"生命方式"的出口,让生命去茁壮成长。

16 | 坠落凡间的星辰

这个学期,有个学生一直在校园里转来转去,这里走走那里看看,老是不在教室里上课,我经常在大厅里、厕所旁、操场上、池塘边遇见他。

这名学生约摸1米6的个头,瘦长脸,两只小眼睛显得很有精神,走起路来有点儿摇晃,不和别人说话,我行我素,因此,他成为学校里的"名人",在老师和学生的眼里早就贴上了"弱智呆傻"的标签。几次遇见他,我主动和他交流都没有成功,好像在他眼里压根就没有我的存在,理也不理地就走了。有一次,我在楼前看见他正在捡拾汽车上面的落叶,招呼了一声,可能是声音有点儿大,他马上把手放在耳边做着鬼脸,向我大叫一声,好像很鄙视我的样子。从那以后,我在心里记住了这个"家伙"。

这个孩子是七年级的一名新生,他的一个亲戚是我们学校的门卫王老师。一天,我从王老师那里了解到:孩子在家里和正常人一样,交流没有障碍,很听话,并且很有礼貌,见了叔婶大爷的都问好。他还告诉我一个信息：这个孩子喜欢唱歌。是吗？真的吗？我眼前一亮。这个信息非常重要。立刻，我的脑海里闪现了曾经看过的一部电影——《地球上的星星》。

《地球上的星星》是一部印度儿童电影，讲述了一个男孩和他的美术老师的故事。8岁的男孩伊夏天真烂漫，充满了神奇的幻想。色彩、鱼儿、小狗和风筝是他甜蜜的童年生活；校园、教室、课程、考试却成为他痛苦的折磨。无奈之下他选择了逃学，走在大街上，立马变得高兴快乐，对眼前的一切是那么喜欢。可是在老师和家长的眼里，伊夏就是一个问题学生。在一次意外事情之后，伊夏被父母送到了一家寄宿学校。伊夏并没有因为来到新学校而有所改变，同时，幼小的伊夏还必须面对与家庭分离的创伤。在这样的环境里，童心、童真、童趣即将泯灭。直到有一天，一位美术老师尼克的到来，让伊夏的生命成长有了转机。尼克与其他老师不一样，他用乐观和自由的教学风格感染着每一个学生。他打破了常规，让学生自己去思考，去梦想，去想象。学生们都热情地接受了这个老师，除了伊夏。尼克很快也发现了伊夏并不快乐，然后他开始找寻原因。通过家访，与老师同学座谈，尼克发现伊夏最主要的问题是不能拼写和阅读，他是一位有学习障碍的儿童，尼克对伊夏采取了一系列的特殊辅导，最终帮助伊夏重拾自信，找回乐趣，让一个幼小的生命重新焕发色彩。

上帝为你关上一扇门的时候，也为你打开了一扇窗。上帝能否垂爱眼前的这个孩子？

第二天，周五。我开完工作例会后来到一楼政务处，透过窗子,一眼就看到了这个在外面走来走去的孩子。接着,我来到大厅前喊了一声,又向他招了招手,示意他过来。这次他没有拒绝,朝我这里走来。没有拒绝是有原因的。上次我和王老师商量好,让他告诉这个孩子,到我办公室来一趟。第二天一早,听同事说他早就去过我的办公室了,我去开会了,没有找到我。看得出来,这个孩子很听话,很乖很懂事。

我领着他来到办公室,给他倒了一杯水,送给他一些点心吃。接下来,我们慢慢地聊了起来。我从今天的气温、家庭成员、怎么来上学、中午吃啥饭等一些无关紧要的不搭边的小事谈起,拉近我们之间的距离。他没有我想象的那样闭口不开,害羞怕人。从语言交流上,看不出与同龄孩子有什么区别,声音也不错。接着我问他:"你叫什么名字?""崔声炎。"他答道。我拿了一张纸和一支笔,让他把自己的名字写下来。他走过来,拿起笔认真地写下自己的名字。虽然字写得很慢,也不是很好看,但是很认真很用心,一笔一画的。"你不喜欢新教室吗,怎么经常在校园里玩呀?"他默不作声。"你喜欢哪个老师呀?""孙——我小学的音乐老师。"这个音乐老师他记得特别清楚。我紧接着问道:"你喜欢哪门课呀?"他想了想,竖起了两个手指,告诉我,喜欢音乐和体育。"是吗?真的吗?"我又惊奇又高兴地反问道,并要求他现场唱一曲。他高兴地答应了。他自己选择了《掌声响起来》这首歌曲。我的电脑音响坏了,只好把歌词打印出来让他看着唱。他还特意告诉我是TFBOYS版本的,并且还写出了王俊凯、王源和易烊千玺3名成员的名字。原来他还是追星族。

在没有伴奏的情况下，他清唱了一遍，虽然效果不好，但是他唱得很投入，也很认真。我为他竖起了大拇指，他很高兴。为了更好地展示他的音乐才华，我带着他，找到音乐老师陈凯。这次他在电脑音乐的伴奏下演唱了TFBOYS的《魔法城堡》，接着，陈凯老师又弹起吉他为他伴奏唱了一首。两次演唱崔声炎都很认真，很投入，看得出来，那一刻他融入了音乐，找到了感觉，身体随着音乐的节奏在舞动，音乐点燃了他的兴奋，旋律点起了他的激情。陈老师对崔声炎的表现给予了莫大的鼓励，并从专业的角度给他细心的指导，提出了一些好的建议。告诉他：唱得不错，很有潜力。激励他不要放弃对音乐的向往和追求。教育他：要刻苦训练，不怕苦，不放弃，将来会成为同学们的偶像，掌声一定会为你响起。

现在算来，伊夏和崔声炎的年龄差不多。伊夏因为尼克握住了生命的方向盘，成为小有名气的画家。崔声炎能否奏出生命的旋律，唱响五彩的未来，我们不敢断言，但是我们可以肯定的是，音乐是他飞翔的翅膀，我们也有理由相信，崔声炎的舞台不再孤独……

两个不同的生命，一首相同的旋律，伊夏和崔声炎是捧在我们手心的星星。

"看看他们，就像新鲜的甘露，紧紧依偎着叶片，这是天赐的礼物，舒展回旋着，从这边滑到那边，像那美丽的珍珠，与笑声相辉映，我们不能失去这些，地球上的星星。"

17 | 小伙子，你早恋了

一个初冬的下午，天空飘着蒙蒙细雨，伴随着丝丝寒风，刹那间触摸到冬的味道，顺着这初冬新鲜的味道，我来到校园操场。

绿色的操场，橘红的跑道，让我心中油然升起一股跑步的冲动。难得的清静，自己可以好好享受下运动的快乐。放开脚步，准备跑起，不自觉地环顾了一圈跑道，这时隐约看见一个穿着校服的学生在水电屋的旁边。但是，当我再次搭眼望去，他却不见了。

偌大的一个操场，下午第二节课，又下着小雨，怎么会有学生？明明刚才还在我的视线里，一眨眼的工夫就消失了。这个时间全校没有体育课，他不在教室里上课，啥情况？老师的职业习惯又来了，我准备去探个究竟。我顺着校服影子消失的方向走去。自己在心里嘀咕，寻找着答案，是逃课？到小卖铺买零食？躲起来抽烟？和同学打架受了委屈？没完成作业？丢东西了？还是……

这个水电屋在操场的东北角，旁边是一个大压力罐，水电屋里是抽水的电机和电闸，罐和屋紧挨在一起，距离学校东面的墙也就1米左右的距离。越接近小屋，好奇心越强，心里越没有数、越疑惑。我悄悄来到屋前，感觉他应该在屋和墙之间的夹道里。走过去一看，没有。我转到屋的后面，看到了。果真有一名学生，是个男孩子，他屈腿坐在地上，背倚着小屋的后墙，两手托腮，瞅着前方。对于我的到来，他没有丝毫的反应，哪怕是一丁点儿的交流都没有。表情很冷漠，眼神很无助。我走近他，问了一声："你在这儿干吗？"他依然是那种表情、那个动作，没有理会我，更没有回答我。"怎么不去上课？"我又问了一句。他还是默不作声，看得出来他根本就没有搭理我的意思。"你哪里不舒服？同学欺负你了？"我继续追问。同样没有答案。我心想，这样问不出什么结果，再继续问下去的话，他一急，抬腿就跑了。再看看眼前这个学生的表情和眼神，躲在空旷操场上，呆呆地坐着，头上、衣服上都淋了雨。在这三次询问都没有回答的表情里，我已经找到了答案：他一定有事，心里肯定装着放不下的东西。我想，不能这样一走了之，不能让他一直这么坐着，我要走近他，了解他，认识他，帮助他，谁叫我遇到他了呢？

"这样吧，我不问你了。"我用脚尖碰了碰他的脚尖，"站起来，我们一起跑步吧。"我去拉他的手。哎，他顺势站了起来。接着，我用手拍了拍他的肩膀，再次请求他："小伙子，我们一起跑步吧。你看，操场上就我们两个人，你老是在这里待着，一会儿淋湿了，会感冒的。""要不，我们走走？""不然，我告诉你的班主任。"……在我的强烈要求和善意的"威胁"下，他终于同意了。我们两个人顺着跑道走了起来。

17 ▶ 小伙子,你早恋了

细雨纷飞中,我和他沿着跑道走着。我在前,他在后。感觉今天的操场特别沉闷,跑道特别长。我边走边琢磨,下一步怎么和他交流,让他讲出心中的故事。我们相互沉默了三四分钟,这时,他的一句话,突然打破了压抑我心头、压抑整个操场的沉默。"老师,下雨你也来跑步?"他首先开口了,虽然声音很低。我心内一惊,来了,有门儿!我告诉他:"这几天我都来,今天是过来看看能不能跑步。""这不,真巧,遇见你了。""这是我们的缘分。"

机会来了!我抓住不放,从他的家庭、爱好、班级以及老师同学等方面交流沟通。同样,我也告诉他关于我的一些情况,拉近我们之间的距离。接下来的时间里,我们谈得越来越多,交流得越来越深。此时,我觉得是切入主题的时候了。我说:"你一个人孤独地躲在小屋的后面干什么?""再说了,现在是上课的时间,学生不在教室里上课,独自一个人跑到操场上,肯定有原因。并且,我早就看出来了,你心情不好,心里一定装着伤心难过的事情。你能告诉我吗?"此时,他心里的那个防线彻底崩溃了,就像决堤的洪水,挡也挡不住。他给我讲了他的故事,告诉我一个心中的秘密……

"小伙子,你早恋了。"我认真地对他说。

我告诉他,你不要紧张,早恋是一种正常的生理现象,关键是怎么去面对。今天给你提三点要求:第一是要把这件事看作是学习生活中一件平常的事情,不要过多地去想,要把它放下。第二是这四天不要和那个女孩子联系,更不能见面。第三是要按时上下课,不能逃避课堂，影响学习。他默默地点点头。最后我们约定，下个星期一，还是这个时间、地点，一起跑步。他愉快地接受了。看着他那放松的表情、远去的背影，我的心也放下了，更期待着我们的下次"约会"。

18　约会

时间：星期一下午第二节课。

地点：学校操场。

事情：约会。

我们按照约定，准时来到学校的操场，两个男人的"约会"即将开始。从他的表情可以看出，今天的"约会"比较轻松，眼神和表情与上次截然不同。他的准时赴约，得到了我的高度赞扬，嘴角露出了纯真的微笑。这次我开门见山，直奔主题。问他：上次那三条做到了没有？他告诉我只做到了第一条和第三条，第二条没做到。我猜得到，这个非常时期很难做到不联系，需要毅力，有时成年人也做不到。我说，说说你和她的故事吧。小伙子思考片刻，讲述了他的一段"传奇"。

"只是因为在人群中多看了你一眼，再也没能忘掉你容颜，梦想着偶然能有一天再相见，从此我开始孤单思念……"他的故事就像歌词写的一样。他是七年级的一名学生，家住半程镇某村，姓姜，父亲在本镇工业园企业上班，还有一个姐姐，已经参加工作了。他身材比较清瘦，个挺高，嘴角有些嫩嫩的胡须，显得有点儿成熟，长得比较帅气，应该属于女孩子比较喜欢的那种。事情是这样的：两年之前，他所在的村级小学和那个女孩子所在的村级小学根据上级的要求并校，两个学校的学生合并到一所学校就读。看似生活中的一件普通小事，却为两个幼小的心灵种下了一颗萌发的种子，也为他们今日的早恋创造了环境。就这样，那个女孩来到了他所在的小学。两个学生并没有分到一个班，为什么他们俩有了今天的相遇呢？他说，上课间操的时候，一次意外撞见了那个女孩子，那次之后，女孩子的影子一直在他的心里。一年，两年，直到今年的9月，他们走进中学校园再次相遇，这枝羞答答的玫瑰，悄然绽放。男孩子被女孩子的外貌和性格吸引，女孩子仰慕男孩子的帅气。来往间，用QQ、书信、手机表达心中的喜爱。"我喜欢你""我爱你"再也不是内心的独白，而是牵手时的海誓山盟。

听到这里，我已经确信他们早恋了。我说，还有一件事我不明白，那天你为什么一个人在操场上？他说："那天，我们之间发生了矛盾，我看见她和别的男孩子说说笑笑，走得很近，好像关系不一般。我很生气，要求她不和别的男孩子来往，她拒绝了我。"是的，明白了，他的这一番话，更加印证了我的判断：他们真的早恋了。

怎么办？早恋，这是个社会问题，是困扰青少年，甚至是儿童成长过程中绕不开的一道坎。走不好，轻者会伤脚，重者会伤身，落下身心成长的"残疾"。记得有经验的老班主任采取的办法是"疏"不是"堵"。那就"疏"吧。

早恋其实也是孩子人生中重要的一堂课。既然来了，就不要生硬地去围堵，我们要正确地引导和指挥，让孩子在早恋的过程中去思考爱，思考责任，思考人生的真谛，这也是孩子成长的必修课。我采取的策略是先温和介入，再定点施治。今天先给他上一堂心理卫生课吧。

"小伙子，祝贺你，你长大了，情感有了新的需求。"我说，"你正处在人生成长的一个重要阶段——青春期，青春期男女生之间有了这样的情感是正常的，没有这种情感反倒不正常。早恋完全源于对异性的好奇，对异性身体、生活、心理和对自己的态度的好奇，这是青春期的一种心理现象。"他听得很认真，我继续给他讲："在儿童期，男孩和女孩在外貌上没有多少差别，但从青春期开始，男孩和女孩的第二性征逐渐显现出来。男孩子的第二性征主要表现在：声音粗沉，喉结突出；骨骼坚实有力，肩宽臂阔。女孩子的第二性征主要表现在：皮下脂肪丰富，有弹性，乳房隆起；声音尖细；骨盆较宽。这个时候，许多孩子都会对异性有高度的敏感，看到有关两性内容的书或电视，自己就会产生莫名的冲动和兴奋，看到漂亮的异性时，脑子里时常会情不自禁地想入非非，并且在体内激素的作用下，会主动接近异性，产生性的冲动。这些都是青春期惹的'祸'，所以说，早恋是初期生理、心理发育的正常表现。"

听到这里，这名男生说："老师，我明白你说的道理，我就是不想离开她，我喜欢她。你让我不和她联系，我忍不住，也做不到。"我知道，他正在兴奋处，就是拴上两头牛，也拉不回来。正如歌中所唱:"宁愿相信我们前世有约,今生的爱情故事,不会再改变,宁愿用这一生等你发现,我一直在你身旁,从未走远……"这个时候,越"热"越要"冷"处理。我告诉他,还是那三条要求,必须做到。同时,我把整理的最美中国孝心少年黄凤、赵文龙、邵帅的事迹材料交给他,并嘱咐他要认真地读一读,下次"约会"时告诉我心里的感受。

19 | 人在希望在

德国哲学家黑格尔说过,存在就是合理。就是说任何存在的事物都有其存在的原因,存在的一切事物都可以找到其存在的理由。

一个男孩子遇见一个女孩子,一起走过了一段酸涩的生命旅程,给我们呈现了一段故事。如果说它(早恋)的存在是合理的话,那么一定会有一个合理存在的理由。

我故意找了一节体育课的时间,来到他的班级。班里的其他学生都去上体育课了,只有一名脚有伤的学生在教室里做作业。我问他:"你们班里是不是有一个叫姜某某的同学?"学生点点头。"他在班里表现怎么样?你喜欢他吗?"那个学生只是微笑,不作声。他向后一转,告诉我姜某某的位置,在最后靠南面的一个位子。座位上有一件红色的外套,外套下面是一堆摆放很乱的课本。桌洞里也是一堆乱七八糟的东西。我抬起头来环顾了一圈教室,看到了一张很大的班级合影照片,挂在教室离前门不远的北墙上。我走了过去,一眼就认出了那个小男孩,在合影的最后面,中间的位置,穿得很时尚。我指了指，那个学生说："就是他。"接着，又补了一句："他没有妈妈。""是吗？"我反问道。怪不得，这两次见面，他都没有提及他的妈妈。照片的旁边是班级月考的成绩单，我特意看了看，成绩很不理想。噢，明白了，也许问题出在这里。或许，这就是存在的理由。好多事情，只有找到源头，才能看到清澈的答案。到现在为止，我终于在心里捋出了一点头绪。

靶心已经明确，就看能打出几环了。第三节，我把他叫到我的办公室，故意让他离我近一些。我问他："那三条做到了没有？""做到了，我没有和那个女孩子联系，不过那个女孩在QQ上给我联系了。""你怎么做的？""我没有回应她。""很好。"我给他一个"心理糖块"，表扬了他。这一段时间，忽然觉得我们之间的距离更近了，他慢慢信任我了。在接下来的交谈中我了解到：他爸爸在半程镇工业园一家塑料厂上班，早出晚归；姐姐在市里服装批发市场打工，一个月回家一两次。我故意问道："你的妈妈呢？"他沉默了，悄悄地低下了头。我知道，这个问题戳痛了他的心灵。但是，我必须问。只有走近他，才能了解他，帮助他。原来，妈妈在他四五岁的时候和爸爸离婚了，已经离开这个家10多年了。10多年来，他和姐姐、爸爸一起生活，对于妈妈的记忆只是一些模糊的片段。10多年来，妈妈再也没有来过这个家，再也没有看过他们姐弟俩。只是听说，她嫁到了其他村，又成立了新家庭。

说到这里，看得出他有一丝丝的难过，眼里噙着泪花。我告诉他："你不要怨恨你的妈妈，她可能有她的苦衷。我要说的是你的爸爸，这个家庭的男人，最不容易的是他。他失去的是这个世界上离他最近的人，失去的是一辈子的伴侣，失去的是半个家庭。他起早贪黑，又当爸又当妈，容易吗？累了一天，回到家里没依没靠，冷碗孤瓢，还得为你们洗衣做饭，里里外外、忙忙碌碌一个人。你有没有看到这些？你给你爸做过饭吗？你给你爸洗过衣服吗？你给你爸洗过脚吗？"

此刻，他再也没能掩饰住内心的痛苦，哭了。我知道他非常难过，多种感情交织在一起，流的是酸楚的泪，是伤心的泪，是难过的泪。

"男人就是家庭的天，只要男人在，这个家就不会塌下来。"我告诉他，"你和你爸爸就是这个家庭的天。这么些年，你缺失的是母亲的一份关爱，你爸缺失的是妻子的一份温情。这个家里，是你的爸爸应该为你找一个好妈妈，重新组成一个完整的家庭，补上那份缺失的爱和情，而不是你……你懂吗，小伙子？"我不客气地问道："还有，你也是这个家庭的男人，你也应该为这个家庭承担起责任，做一个堂堂正正，有担当、负责任的男人，不能让这个家垮了，更不能让街里四邻看你们家的笑话……"

今天的谈话从同情到责问，从直抵他的内心到震颤他的灵魂，揭了他的痛处，骂了他的无知，目的就是唤醒他那颗还没有泯灭的心，让他觉醒：他存在于一个什么样的家庭中，自己是一个什么样的人，应该怎么走，往哪里去。

事情竟会这么巧合。记得上次离别时我让他学习的那三个少年，现在回想起来，很有必要。虽然，他有与黄凤、赵文龙、邵帅相似的家庭和遭遇，却没有相似的人生和希望。希望他能从三个最美孝心少年的身上找到希望,希望他能捡起地上的担子,挑在肩上,走下去。如果那样就有了希望……

  人在希望在。

20 | 让我们一起陪着他前行

遇见，这是一段旅程，生命与使命同行的旅程。

这个星期，我和班主任薛老师约定到姜飞（化名）家。没想到，星期一一早，他的爸爸就来到学校，告诉班主任孩子没来上学。

怎么了？

下午，我和班主任一起来到姜飞家所在的村子。此时，姜飞的爸爸老姜早已在村口等着了。老姜四十五六岁的样子，秃顶，显得比同龄人老一些，很客气。在他的带领下，一会儿便来到家里。这是一个普通的农村民宅，四间平房，大门楼子、房屋都很简陋，院子里种了几样蔬菜，很有生机。推门而入，正厅北面条几上的电视正播放着湖南台的节目。回头一看，姜飞正侧身横躺在南面的沙发上看电视，手里拿着遥控器，脚上蹬着一双棉拖鞋，下身牛仔裤，上身穿一件棉线的毛衣。憔悴的表情，加上凌乱的头发，更显得一点儿精神没有，就像刚被霜打过一样。

在老姜的招呼下，我们来到沙发前坐下，老姜忙活着倒水泡茶。看看这个家,有点儿冷清,没有过日子人家的温暖。客厅的两边是卧室,半掩着门。北面靠西摆着一排崭新的衣橱,算是像样的家具了。东面靠墙放着一个矮小的吃饭桌,上面碗筷、盘子还有剩饭菜胡乱地放着。饭桌上面墙上的一张奖状格外显眼,是奖给姜飞的,小学时期的进步奖。

三四分钟过去了,姜飞还是南北横躺背对着我们看电视,依然保持那个姿势,一直没有和我们打招呼。在薛老师和老姜的催促下,姜飞这才向我们这边转身,坐了起来,耷拉着脑袋,一句话没说。

看得出来,老姜这两天急了。这半个月,他上夜班,没有时间在家里,孩子又不去上学了,不知咋办好,一直在抽烟。

"你看,老师们都这么关心你,对咱这么好,你得在学校里好好上学。"

"咱这个家庭,你也是知道的,你娘从你4岁就走了,不管咱了,我和你,还有你姐姐,容易吗?咱这个家庭,咱爷们得好好过呀……"

说着说着,老姜声音慢慢抽噎,眼泪挤出眼圈。低头不语的姜飞也在抽噎,哭了。

是呀,多么不容易的父子俩。母亲(妻子)的出走是这个家庭最大的不幸,是两个男人最大的心痛,也是埋藏在爷仨心里最大的阴影。

"咱这个屋盖10年了,你娘走10年了,你看看周围的都接了二起(搭建二层的意思)了,今年,我准备多干点儿活,多攒点儿钱,明年再接上一层,也算是个楼房,以后好给你娶媳妇……"

老姜说出了自己的打算,也说出了内心的实话。

家庭的不幸让爷儿俩在村里抬不起头来,让慢慢懂事的孩子觉得比别人矮一截,生活在没有阳光的日子里。

这时,老姜在茶几底下拿出了一沓资料。

"你看看,这些孩子,他们比我们还苦……那时候你还小,我就下定决心把你和你姐拉扯成人,好好过日子……"

我看见是上次交给姜飞的邵帅、赵文龙、黄凤的故事,是让他好好看看,这三个同样不幸的孩子在困难和挫折面前是怎样选择的。

同样的不幸,他们选择的是坚强面对,同心携手共渡难关,而姜飞选择了躲避、退却。

到这里,我们可以清楚地了解到,姜飞早恋的根本原因是家庭。也可以说,家庭教育是造成问题孩子的根源。

我们知道,每个人的成长经历不同,青春期孩子在早恋问题上的原因也各不相同,主要是由处在青春发育期、逆反心理、性格孤僻内向、社会环境影响和家庭关系五方面的原因引起的。其他四方面的问题,及时发现、科学引导都会得到解决,而家庭问题造成的早恋比较复杂,解决起来不是很容易。

家庭是儿童健康成长的摇篮,幸福美满的家庭,是儿童身心健康发展最重要的条件。由于离婚率以及一些事故等情况的逐步上升,从小就生活在单亲家庭的孩子在逐年增多。

单亲家庭的环境对儿童身心发展往往产生消极的影响,使儿童心灵遭受创伤，严重的会使儿童精神偏异，危害终生。孩子长期生活在冰冷的家庭环境当中，往往就会去寻找外部的安宁和慰藉，而他们的方式就是早恋。

这件事告诉我们，不管夫妻间有多大的矛盾，都不该影响到孩子。孩子的心是敏感的、脆弱的，尤其是在青春期，孩子的头脑里的困惑已经够多，父母不应该成为折断孩子翅膀、伤害孩子心灵的祸首。

老姜老实本分，没有文化。他也许不会明白，10年前，夫妻间的离婚，家庭的变故种下的"因"，造成了今天孩子早恋的"果"。他只是想孩子能安心地守在学校，毕业后有个活干，大了成个家，也就行了。哪里知道，10年的心结已经长成疤痕，牢牢缠在孩子的身上。

遇见以来的几次谈话，我感觉姜飞清楚自己的家庭情况，也努力过奋斗过，但是，弱小的心灵在巨大黑暗的心灵屏障面前，不堪一击。姜飞的心是孤冷的，就像今天一样，看不出一个14岁少年的影子，而是一个精神恍惚、颓废、空虚、忧郁、衰败的形象。姜飞的压力太大了，来自家庭、社会、学习的种种压力交织在内心，痛苦地挣扎着，在这种情况下，没有一个知心人及时有效地疏导，父亲这唯一的救命稻草也没能带他走出阴暗的沼泽，所以，他迷茫、无助，导致了自我的放弃和沉沦。

教师的使命就是让暗淡的生命重新焕发色彩，哪怕给他一点力量、一丝光明，照亮他前行。接下来，我们围绕如何走出阴影，建立自信，做一个男人的话题，给他说故事讲道理，给他减压，让他轻装前行，给他温暖，让他开心，一点一滴地去改变，帮助他从今以后忘掉以前的姜飞，做一个崭新的姜飞。

同时，老姜为了孩子，考虑再三，决定让姜飞吃住在学屋，好好安心学习。这一意见姜飞也接受了。

薛老师让他去理理发，洗洗头，明天准时去上学。

今天的谈话不知姜飞能否留在心里？很显然，早恋已不是困扰他的问题，家庭的变故、母爱的缺失是他心灵难以愈合的伤口，也是他幼小心灵难以承受的痛！临走时，姜飞把我们送到村口，挥手间，我看见他的表情放松了许多……

新的旅程即将开始，这注定是一段不平凡的路程，不知姜飞能否闯过前面的坎？

让我们一起陪着他前行……

21 | 教育的路就是生命的路

遇见，这是一段成长，生命实践的成长。

上个星期，姜飞过得很愉快，在学屋里生活得也很开心。薛老师有意识地安排了一些工作任务，让他的学习生活忙碌起来，变得更充实，这次期中考试成绩也有了进步。这也许就是我们希望看到的生命实践的成长。

生活中有许多职业和事业与生命有关。医生忙于救死扶伤；军人保护生命；农民呵护植物生命成长；律师维护生命权益；牧师救赎生命心灵。他们都以不同的方式面对着生命，从事着自己的实践活动，完成自身的价值使命。同样，教师每天也是面对着一个个鲜活各异的生命个体，直面人的生命成长。迈入教室，你闻到的是生命生长的气息，目睹的是一个个生命在教育力量的影响下一点一滴生长变化的奇迹。

从这个意义上讲，教育是一种生成性的实践。它把人的生命问题，从书本上、黑板上、课堂上变成现实生活实践中的问题，转化

21 ▶ 教育的路就是生命的路

为一种独特的创作问题。教育,就是对生命的再创作。它的最终目的不是与生命牵手,而是对生命的告别——对旧生命的告别,走向新的生命。正如海德格尔所说:教育,就是"让生长"。

在家庭收入并不高的情况下,老姜让姜飞吃住在学屋,其实,我内心是不赞成的。我觉得,他们应该生活在一起,不能再分开了,目的是让姜飞快快成长起来,照顾好自己的父亲和这个家。当时心里想的是让姜飞变得自强自立起来,这个家立刻变得温暖和谐起来。我的初衷可能是违背了生命生长的节律,现在回头想想,老姜让孩子吃住在学屋有一定的道理。这样一来,姜飞重新换了一个生活的环境,彻底改变了以前的生活方式和状态,他来到了一个新家——一个大的家庭。在这里他会找到生存的安全感,找到生命的依靠,也会找到另一种家庭的温暖。让这颗受伤的心在新的土壤里疗伤,慢慢成长,慢慢变大。

教育的路是生命的路,这条路随着生命成长而逐渐延伸。有时偏离方向,不是因为生命生长停止了,而是违背了生命应有的方式在走,路越走越弯曲,直到最后,我们看不到生命的踪迹了。虽然路还在那里,却成了荒凉的。教师就是路上的路标、生命中的导航,为生命架起成长的红绿灯,"让生长"更顺畅。

这个星期六,在一诺播音学校遇见了我的陆老师,在回忆我们当年的学习生活时,她讲了这样一件事情:当时,班里有一个女生,衣着朴素,文质彬彬,说话声音很小,平时很少和同学们交流。一次和同学的纠纷改变了她生命的方向,变得不愿和同学说话,害怕噪声,孤独自闭,很难入睡。不但影响学习生活,而且影响到以后的成长发展，不及时治疗，后果很难想象。此时，她又找到陆老师提出了休学。陆老师了解情况后，发现这不是一般的问题，需要及时治疗。谈心交流，激励自信，又找来心理老师辅导，纾解心中的烦郁，并且为她找了一个单独的居住地方，还是没有成效。陆老师认识到问题的严重性，不能放手不管，带着她到临沂的大小医院求医问药。这些医院都没查出病症的原因，开的是普通的药片，对治疗没起多大作用。在这种情况下，陆老师放下顾忌，带着她来到精神病院，医生询问诊断后，拿了一个疗程的药，陆老师把她送回家里，让其安心养病。一个月之后那个女孩来上学了，变得好好的了。陆老师说，这个学生现在已经40多岁了，在一个县城中学当老师，孩子去年上高中了，经常打电话来。

这个学生生命成长的路在行进的途中变道了，也许这个学生是陆老师遇见的许许多多问题学生中的一个，在那种情况下，左手就是人才，右手就是疯子，怎么办？此刻，老师生命中的天平没有摇摆，她以生命成长的高度使命意识，没有放手，挽回了天才，丢弃了疯子。这就是教育的力量，促进人的生命生长的力量。

教育的使命，就是让那个因告别旧生命而来的生命生长持续终生，让每个生命都有持续生长的内在力量。

教育，就是"让生长"。

22 | 谁夺走了我的"初吻"

课下，在教学楼的楼梯拐角处，一个男生与女生正倚靠在窗边聊天，嘈杂的声音、上下楼的人群并没有影响两人愉悦的心情。突然，男孩上身前倾，伸出双手，抱起女孩，情不自禁地亲吻了那个女生。他们像磁铁一样慢慢靠近，彼此吸引，紧紧地贴在一起……

虽然短短几秒钟，可是学校的窗台处将留下他们一辈子的回忆。女孩子清澈的目光里透着一丝羞涩，红润的小脸上流露出甜蜜的微笑。

我刚迈出办公室半步，恰恰被这一幕"夺去"了视线……我不忍心打扰他们如此"美妙的时刻"，心里想，千万别让他们瞧见我，但我前脚刚落下，他们分开的那一刹那就发现了我注视他们的目光。尴尬，闪念间，男生害羞地跑了。我走到她的旁边"狠狠"地撂下一句话："女生，自尊自爱！"

"闯"入我视线的这幅画面是我不愿意看到的，也许是我苦苦寻找的答案——早恋。

女生是我班的一名学生，叫娟，外来务工子女，她来自千里之外的贵州省。6年前和打工的父母来到山东临沂金锣工业园。娟是家里的老大，还有弟弟妹妹。平时，父母打工很辛苦也很忙，顾不上她。娟从上小学二年级就学着自己照顾自己，慢慢地学会了洗衣做饭，在小学老师的眼里是一个听话懂事的孩子。去年升入七年级，她适应得很快，及早融入了新的班级，在班里表现出色，学习出类拔萃，是同学们的榜样。上学期期中、期末考试都是班级的前5名。可是最近一次考试跌落得很快，直接甩出10名以外。

这两天，我正要准备找娟了解一下，想帮着她寻找成绩突然下滑的原因。

是早恋吗？

升入初中，孩子慢慢进入青春期，这一时期对于成长中的孩子来说，是一个非常重要的阶段，孩子的身体和心理会发生很大的变化。青春期，孩子迎来的第一个变化就是性征发育，性意识的不断觉醒，本能地对异性充满了好奇，极易被对方的相貌和性格吸引，产生朦胧的肌体需求。学生们往往为了满足这种好奇而主动地去结交异性朋友，交往中容易产生性的冲动和一些模仿大人的异常亲密动作。

后来了解到，娟和伟（那个男生）从小学就认识了，他们是通过小学的QQ群认识的。开始只是通过群聊一些同学呀，老师呀以及身边的小事，慢慢聊到各自家庭、喜好等一些情况。时间一长，就发展成了好朋友。他们周末相约一起外出，伟节假日经常到娟家，让其辅导学习，两人彼此欣赏，倾慕与日俱增，友情悄悄地溜

22 ▶ 谁夺走了我的"初吻"

了,"爱情"却悄悄地来了,在懵懂青春的催动下,两颗心激情地燃烧在了一起。刚才那一幕是他们的初吻。

为什么会早恋?

早恋恰似一朵羞答答的玫瑰,在校园里悄然绽放,涉世未深的孩子们,嗅到它的馥郁芳香,心潮澎湃,却忘了那是一朵带刺的玫瑰。

每个人的成长经历不同,在早恋的问题上,青春期的孩子所走的道路也各不相同,早恋成因,可谓千姿百态,家长老师要及时引导,让孩子正确应对青春期的情感困惑,平稳度过"危险期"。

而实际上,早恋是青少年在性生理发育的基础上,由心理转化为行为的实践。正处青春期的孩子,或迟或早地出现早恋现象,其实并不奇怪,应该说是一种正常的生理反应。有些是因为逆反心理的存在,家长、老师不让他们做什么,他们就偏偏做什么,于是,就有孩子刻意去闯"禁区"、谈恋爱。有些是因为性格孤僻、内向,长期生活在自我封闭的环境里,一旦有陌生的异性的吸引,他们就很可能将所有压抑的情感投放在对方的身上,早恋就发生了。还有一些是受社会环境的影响,没有经得住诱惑。但是,有一个原因我们不能忽视,那就是家庭关系的紧张,而且这一诱因的影响力呈上升趋势。孩子如果长期生活在冰冷的家庭环境当中,往往就会寻找外部的安宁和慰藉,而他们选择的方式就是早恋。

答案似乎越来越清晰。

娟成长在一个后组家庭,现在的爸爸是继父,弟弟妹妹是妈妈和继父的孩子。当初,她有一个幸福的家庭,可是,在她2个月零 8 天的时候,爸爸因为见义勇为下河施救落水儿童,献出了年轻的生命。这一家庭变故也改变了这个小小的生命。无奈,娟 2 岁多的时候,妈妈把她送回了贵州的奶奶家,一别就是 6 年。娟上二年级,妈妈和继父把她接到了现在打工的地方临沂。在娟的印象里,爸爸只是妈妈叙述的记忆。

谁能读懂丧偶家庭单亲孩子的内心?

没有父爱,没有亲情,缺少了被关注,遗忘了被疼爱,她何以找到属于自己的那份爱?何以找到那份属于自己的温暖?

只有去寻找父母、家庭之外的关爱。

我应该感谢娟能告诉我她的故事,明白了娟所需要的,知道了娟稀里糊涂、不知不觉地被早恋"撞"上了,她没有勇气去拒绝,而是盲目地接受了。

我告诉她,早恋是一朵带刺的玫瑰,一朵芬芳四溢的花,我们只能默默地欣赏它的花香,却不能走近它,一旦去碰触,就会被刺伤。

心理学家马斯洛讲到人都有爱与归属的需要。青春期的孩子感觉到的就是亲情和友情,当他某一点得不到时,或者得到太少时,自然而然地就会去寻找另一种替代的补偿方式。只要有机会,他都会无法控制地为满足自己的需要而坚定不移地走下去。早恋就是他的方向,可以满足他没有被满足的心理需要,也就是被爱的需要。

娟需要弥补的是爱,一种来自家庭和亲人的呵护。多年来,她游走在"孩子—父母"这一家庭亲情"链条"之外,找不到需要与被需要的位置,得不到爱与被爱的感觉。

我想,我能做的就是慢慢地重新把她"粘连"在家庭亲情"链条"之上,让她和家庭"链"爱在一起,和老师、同学们"链"爱在一起……让同学的"爱"、老师的"爱"温暖她"初吻"背后的清冷,填补她内心深处的空白……

23 | 清窝

寒假,妈妈为郑钧报了英语辅导班,想利用假期的时间提高他的成绩。辅导班有12个孩子,英语水平也参差不齐,郑钧成绩最差,算得上是一个学困生。这天中午,英语老师讲完新课,布置好背诵任务有事先走了,把检查背诵的任务交给了家长。吃完中午饭,家长们为督促孩子完成作业,制定了奖励措施:规定时间内背会了的,家长开车带着去附近的景点游玩。

午饭后,外出游玩的美好愿望钓足了孩子们的兴致,他们纷纷抱起课本大声背诵起来。郑钧也有模有样地端起课本在背诵。基础好的学生很快就背过了。下午两点,规定时间到了,这时有7个孩子已经完成了任务,还有5个孩子不会背,其中就包括郑钧。

"怎么办?""都去!""会背的去!""取消活动!"家长们好像产生了分歧。原因就是孩子们有的背会了,有的还不会背诵。

孩子们也看出来了,都在等待着家长的答案。

"不行!"一个家长发声了。

23 ▶ 清窝

"我们要说到做到。"

完成背诵任务的孩子,在家长的带领下高兴地去了游乐场。没完成的在家长的陪伴下继续背诵。

时钟从2点走到5点,从5点走到8点……

6小时后,其他孩子都完成了任务,只剩下一个孩子——郑钧。他可能习以为常了,没把这个任务当一回事。

一篇小小的英语短文挡住了孩子前行的道路,成为无法逾越的困难,折磨着家长,也摧残着孩子。

孩子的妈妈一直陪着,一会儿端来茶水,一会儿取来牛奶……嘘寒问暖,关怀备至,体贴入微。捧在手里怕摔了,含在嘴里怕化了。看上去,这是一位优秀的妈妈,多么会关心照顾自己的孩子,妈妈所做的一点一滴都温暖融化着孩子的内心。

有这样的妈妈,孩子背诵不是轻而易举的事情吗?

6小时的时间,连6个单词都没有"吃进",却"喝足"了妈妈"奶水"般的"温暖和呵护"。

小小的教室,妈妈的一句温暖的呵护、一碗清爽的茶水、一杯甜美的牛奶……孩子就像偎依在妈妈的怀里,一口一口地吮吸着甘甜的"乳汁"。他哪里还有单词,哪里还有背诵,哪里还记得老师布置的任务?他的脑袋里只剩下了妈妈。

有妈在,我怕啥……

几位家长看着急,孩子怎么了?不应该不会背诵呀!妈妈也急了,催促孩子:抓紧背诵完了,好回家。郑钧怒了,把英语课本撕得粉碎,无情地摔在了妈妈的脸上。

"奶水"喂饱了孩子，"泪水"却打痛了母亲。

"溺爱的妈妈"腐蚀了孩子，"妈妈的溺爱"侵蚀了生命。不仅这次，我通过前几天的观察和了解，这位妈妈确实惯着孩子，孩子经常在妈妈面前耍脾气、丢脸子。

孩子的成长不是一帆风顺的，总是充满了坎坷和艰辛，时刻需要面对困难，迎接挑战，不经历风雨怎么见彩虹？逆风成长的孩子更健康。

在中国有多少个郑钧这样的孩子？有多少个郑钧妈妈这样的妈妈？有多少个郑钧这样的家庭？

看孩子的表现、妈妈的行为，我认定今天的原因是家庭教育出了问题。

如何教育孩子？怎样开展家庭教育？

我忽然想到了狐狸家族的一个现象——清窝。

狐狸是以家庭为单位栖息生活的，雄狐狸、雌狐狸和小狐狸组成一个家庭，这一点和人类的生活结构相似。狐狸为了小狐狸的健康成长，从小就有科学的教育理念——让狐成"人"；强烈的教育目的——自主独立；严格的教育方法——适者生存。狐狸是认真负责的父母，唯一的目的就是让自己的孩子"成人"，掌握生存的本领，适应这个残酷的自然，完成生息繁衍的家族使命。

狐狸有清窝的习惯，我认为清窝是狐狸一种残酷的家庭教育。狐爸狐妈在狐娃满一岁时便用暴力将它们从窝巢驱赶出去，强迫它们离开家。一夜之间，小狐狸由父母疼爱的宠儿变成无依无靠漂泊天涯的流浪儿，独自到大自然中摔打锻炼，适应生存。

23 ▶ 清窝

我记得沈石溪的笔下有这样一个家庭。

这天,一家四口,狐爸狐妈带着大公狐和小公狐外出觅食。突然蹿出一条巨蜥,彻底改变了这个家庭的命运,狐爸和大公狐不幸丧命,狐妈的眼睛也被巨蜥的利爪抓瞎了。

可怜的瞎子狐妈和小公狐相依为命,孤苦伶仃,艰难度日。狐妈经常衔住小公狐的尾巴,就像盲人牵着竹竿一样,跟随小公狐外出,捡食人类抛弃的残渣剩饭,饥一顿饱一顿,落魄潦倒,母子俩很快就瘦得皮包骨头了。

到清窝的时候了,可怜的瞎子狐妈依然绝情地把小公狐推了出去。小公狐恋恋不舍,经常带来仓鼠给狐妈吃,狐妈仍然不依不饶,用牙和爪阻挡着小公狐不让回家。一个非要进,一个非不让进,这是颇为典型的狐狸清窝的情景。在这种情况下,瞎子狐妈驱赶小公狐离开家,等于在自杀。一只双目失明的瞎眼狐,别说抓野兔了,连腐尸也找不到啊!

瞎子狐妈坚决拒食小公狐捕来的仓鼠,一次,两次……

为什么那么无情,那么残忍?

几天后,狐妈停止了呼吸,身体却始终堵在门口,直到饿死,也没动小公狐送来的小仓鼠。它用拒食的办法向小公狐表明自己的态度:你必须离开!你不能返回旧家!

一位动物学家对狐狸生态习性的研究揭示了它清窝的秘密:原来,作为一只小狐,如果在幼年跨向成年的转折关头没被清过窝,也就没经历过被驱逐出家的苦痛,也就没有浪迹天涯的冒险,也就不具备独立生活的生存能力。没被清过窝的狐,永远也长不大,永远是个废物。

我觉得今天的妈妈真的应该学学狐狸，学会像狐狸那样"清窝"，为了不让明天的孩子再流眼泪。

妈妈是孩子的第一任老师，母亲的角色在孩子健康成长过程中的位置至关重要，家庭教育是孩子的第一教育，"清窝"式教育是孩子生命成长的重要一课。清窝是狐狸家族生存的本能法则，也是父母教育孩子不可或缺的一课。

其实，孩子在从出生到幼儿园、小学、中学成长的过程中有许多"清窝"式的教育契机，父母要善于抓住这些时机，培养孩子养成独立自主的生存意识、良好的行为习惯和高尚的思想品格。这样的孩子才能经得起风雨的吹打。

快10点了，大家真急了。一个家长和郑钧的妈妈商量，让她先回家。教室里就留一位家长和学生陪着郑钧背诵。

"今天晚上，郑钧你背不会不准回家！"

"谁说情都不行。"

家长发出了严厉的警告。

动真格的了。显然，此时的环境大不一样，郑钧心里明白。在同学的帮助下，他真正地背诵起来。半个钟头，全部过关。

为什么？

我了解到，郑钧从小在"1+4"的溺爱环境中长大，"我"是唯一，爸爸妈妈爷爷奶奶都得听我的。从小缺的不是"奶水"和"糖水"，而是"泪水"和"汗水"，缺少的是"清窝"式的教育。

如果家长在原则问题上不让步，譬如，作业完不成，就是不能

23 ▶ 清窝

睡觉；关上电脑，就是不许玩游戏，孩子就会养成良好的习惯。

家长们，请您一定记住，五六岁开始，如果你舍不得对孩子说"不"，到了十几岁，你就不敢对孩子说"不"了。不要埋怨孩子不听话，你在孩子几岁的时候，就埋下了隐患。

还请您记住，学生往往怕老师，但是孩子不怕你，就是因为你没有制定让孩子尊重并且畏惧的规矩。

"清窝"从某种意义上是逼迫孩子形成习惯，养成品格，锻炼能力。

狐亦然，人能否？

24 | 是老师的无能，还是教育的悲哀

今天，陆老师又来到了课堂，登上了讲台，同学们再次听到了老师熟悉的声音，看见了老师亲切的面孔。可是，我心里明白，陆老师是在舍不得班里的孩子、内心挣扎了好久、伤病还未痊愈的情况下走进了教室。

跨进教室的这一步，是他从教23年来最沉重的一步，原因是两个月之前的那一幕，彻底"撕裂"了他的内心，"撕碎"了他的育人梦。

开学第二周，年级开展"环境卫生周"规范教育活动，主要目的是教育学生养成爱护环境、不要随地乱扔的生活习惯。陆老师也在班里布置了这项活动。

周五早自习，陆老师早早来到教室，发现卫生工具区地面上有很多垃圾，很纳闷，大早上为什么会有这么多垃圾？而且，他周四下午最后一节课专门召开班会强调了乱扔垃圾的问题，要求全班同学告别

24 ▶ 是老师的无能，还是教育的悲哀

这种不文明行为。是值日生没有打扫干净，还是同学故意找碴儿？

陆老师打断了早读。此时，一名班干部站了起来，"举报"地上的纸片垃圾是班里的三名学生扔的。

"请你们三个同学站起来。"

"为什么要扔垃圾？"

陆老师发话了。其中有两个学生自觉地站了起来，走到北墙边。另一个学生刘伟（化名）并没有理会陆老师的意思，还在自己的位子上，跷着二郎腿，一脸藐视的表情，根本没把老师放在眼里。"你站起来！"老师厉声喊道。此时，刘伟才瞥了一眼，手插裤兜里晃悠着来到北墙边。初一的学生，一看就是装出来的痞子气。

"把手拿出来。"

"我就不拿。"

这个学生有点儿不好"对付"。陆老师顺手在墙角拿起了平时扫地的扫帚，想吓唬刘伟，指了指裤兜里的手，让他拿出来，站好。刘伟还是不听，晃晃悠悠，漫不经心，不屑一顾的样子。实在是看不下去了，陆老师用扫帚敲打刘伟，刘伟不干了，老师没真生气，他先恼了。当扫帚再次要落下的时候，刘伟用手一挡，扫帚顺势刮到了刘伟的脸。刘伟彻底地怒了！他抬起双手掐住陆老师的脖子，瞬间就把老师推到了教室的后面，旁边的桌子也被陆老师的后腰扭推在一起，只听"扑通"一声，陆老师倒在了地上。刘伟并没有放过老师的意思，而是又无情地狠狠地用脚踩向了老师……

班里的同学都惊呆了，班长飞快地跑向了主任室……

这就是陆老师一直难以释怀的那一幕。夜里,他时常被噩梦惊醒。

陆老师住院了,胸部三根肋骨受伤,骨裂。事后,学校找到孩子的父母协商。孩子的态度更是让人心伤,连说句道歉的话都不愿意接受。父母说,在家就这样,他们管不了……

我了解到,这个孩子属于"另类",过早地接触了社会,在校园里十足一个"社会青年",家长确实管不了,拿孩子一点儿办法也没有。最后,父母代孩子道歉,赔偿了陆老师住院期间的医疗费,刘伟转班就读。

事情虽然结束了,可是它所遗留的沉痛才刚刚开始,它所带来的思考远未结束。这个事件,固然有孩子自身成长、家庭教育、学校教育的原因,然而,当我们再次面对的时候,受伤的仅仅是我们的老师吗?留给老师的只能是无助的眼泪和无奈的悲鸣吗?领悟的只能是教育的痛吗?

是老师的无能,还是教育的悲哀?据了解,学生打老师事件屡见报端,且呈上升趋势,一夜之间,教师成了高危职业。

根源在哪里呢?

"老师不敢管学生了,不敢批评学生了。现在的孩子越来越难管了:一方面怕管严了,孩子们不耐烦,效果不一定好,还可能给自己带来一些工作上的'麻烦',动不动就给你扣上'体罚,变相体罚'的帽子,弄不好就'捅'到了教育局,贴上了师德败坏的标签;另一方面,家长和学校、社会与教育的关系变味了,嘴上说得很好,老师你要严厉管教,该出手时就出手,打就是。话虽这样说，可出了问题，家长就像'医闹'一样，翻脸比翻书还快，揪住不放。谁想自讨苦吃？谁想自打饭碗？"这是大部分老师的心声。

是的，我们也看到，现在的老师哪怕只给学生一点儿轻微的惩罚，就仿佛犯了滔天大罪，都要遭到家长的投拆、辱骂甚至殴打。

当前，教育失去了惩戒功能，我们的老师越来越没有办法控制学生，对违反纪律的学生只能说服，说服，再说服。当我们面对严重违反纪律、打架斗殴、敲诈勒索、盗窃成性的学生时，我们不能处分，而老师对学生体罚则是被严格禁止的，为了不招惹麻烦，有的老师对于那些屡教不改的犯错学生，最终只能采取放任自流的办法，任由其一步一步滑向错误的深渊。这显然也是教育的一种悲哀。

学校也不想把事情闹大，发生事情都是大事化小，小事化了，温和应对。加之现在的以分数为导向的评价机制，课堂变成填装知识的"工厂"，教书和育人无法有效地链接。这是教育的事，但不是学校和老师能够解决的。

像刘伟这样的孩子，如果照这样发展下去，走向社会的后果，大家都会懂得。怎样把这些"跑偏"的孩子纠正到正确的跑道上？

孩子不仅要"教"，更要"育"，"育"比"教"还重要。"育"需要"表扬"，更不能缺少"批评"，表扬是阳光和雨露，批评是暴风和大浪。人生就像一棵树，需要风雨的洗礼才能茁壮成长。幼苗不经历风霜洗礼，怎能长成参天大树；雏鹰不经历狂风骤雨，怎能飞上万里苍穹；溪流不经历颠沛流离，怎能交汇于浩瀚大海？！只有经历无数次风雨的洗礼，那棵大树才能依然坚挺。

青岛市发布《青岛市中小学校管理办法》，从2017年3月20日起正式实施，该《管理办法》一出，顿时引起社会热议。这是全国第一部以学校为主体的地方性政府规章。其中，最引人关注的就是：学生扰乱教学秩序，教师可对其进行适当惩戒。"惩戒"第一次正式写入规章办法，让教师在工作中有了"抓手"。惩戒太敏感，我们习惯于将它与体罚画等号。老师们敢用吗？老师到底能不能惩戒学生？家长和老师都有不同的看法。但是青岛毕竟迈出了全国的第一步，也走向了未来教育希望的第一步。

一个成长的人是需要惩戒功能存在的，一个人应该为自己的行为负责，为自己的行为付出代价。诸如上课乱讲话、乱下位、顶撞冒犯老师、打骂同学等违纪行为，在国外，老师都是可以按照规定给予相应惩罚的。譬如，在韩国和新加坡，老师可以按规定用戒尺、藤条抽打犯错学生的指定身体部位；在瑞士，要处以罚款；在法国，犯错学生必须接受节假日到学校反省补课或做作业的处罚。

再回头说说刘伟打老师这件事，如果有相关规定对故意冒犯老师的学生给予惩戒，学生怎敢在陆老师跟前有如此放肆的行为？！

不是陆老师的无能，也不是教育的悲哀，是我们还没有走过那条路。

25 | 爸爸去哪儿了

最近发生的几例教育案例值得我们深思。

台湾《中时电子报》5月24日报道,台湾新北市新庄区一位16岁的向姓少年,因车祸须赔偿6万元费用。24日早上9时许在青山路某小区大楼向其母索讨6万元不成,竟伙同17岁李姓少年痛殴母亲,待其母奄奄一息,更将她拖到小区另一栋大楼的新家,持水果刀朝她颈部划去,随后逃跑。

《新京报》3月3日报道,福州警方发布了一则悬赏通告。通告称,2月14日情人节,警方发现女被害人谢某死在福州一所中学教职工宿舍内,其22岁儿子吴谢宇有重大作案嫌疑,警方悬赏缉捕。据悉,犯罪嫌疑人吴谢宇就读于北京大学,作案后封死了住处,将尸体用塑料布层层包裹,还放入了活性炭吸臭。弑母后,还以母亲名义贷款。

据报道,肥城市汶阳镇发生一起惨剧,两少年当街打死一位70岁的流浪老人。警方通报称,两少年一个是2002年出生的,一个是 1999 年出生的，目前，二人因涉嫌故意杀人被刑事拘留。

这是近期发生在学生身上的几起典型恶性案例。近几年来，有关学生伤害欺凌杀人的案件呈上升趋势。如果你在百度上输入"学生杀人"，能找到相关结果约 4800000 个，输入"学生欺凌"能找到相关结果约 2390000 个，输入"学生打老师"能找到相关结果约 35300000 个。从这些数据看，不难发现：这类事件大多发生在初高中学段，案件性质比较恶劣，社会关注度较高，社会负面影响大，教育破坏力强，对个体成长影响深远。它们的一个共性就是都发生在学生身上。一类是学生对父母，一类是学生对学生，一类是学生对老师。

同时，随着自媒体的快速发展，这样的事情一旦发生，传播速度极快，造成的社会影响极大，衍生的社会效应极坏。这时候，教育和老师也被快速地拽到风暴舆论的中心，任其"风撕雷击"，推力如钢刃的问题直刺心脏：哪里的？哪个学校的？学校是怎么教的？老师是怎么管的？学生天天在学校里，老师不好好教育教育吗？我们上学时哪有这些事情？教育的失败？……面对这些疑问和质疑，学校教育成为众矢之的，广大教师备受指责。

案例的教训是惨痛的。不可否认，现行的教育制度与当前的社会发展和需求是不相适应的，教育改革明显滞后当前生产力的发展，学校教育的部分功能出现了缺失，教育在某一方面走偏了。

我们也看到，如今，学生可以反抗教师，家长可以批评教师，社会可以质疑教师，对于教师自身来说，有苦说不出，被太多人误解。看似平常的常规管理都被学生和家长贴上体罚、变相体罚的标签。教育显得无能为力，教师更是束手无策。

但是，透过每个案例的脉络都清楚看到，事件的发生不是无缘无故的，它的背后都存在一个问题孩子，而问题孩子的背后都会牵出一个问题家庭。

第一个案例，生父从小失联，和母亲一起生活，单亲家庭。

第二个案例，父亲病逝，和母亲相依为命。

第三个案例中的两个孩子都成长在单亲家庭。14岁的孩子，父亲和母亲离婚已有10年，和奶奶生活。而另一名16岁的惹祸少年，"他奶奶80多了，他妈改嫁了，他爸去世了"。

如果说，我们要追问事件发生的根源的话，孩子成长的家庭环境、所接受的家庭教育就是问题的源头。

这些孩子大多生活在一个不幸的家庭——单亲家庭。且看，这些家庭中父亲是缺位的，父爱是缺失的。父亲不管不问，要么一走了之，要么长期失联，哪里有关心关爱？何谈成长期、叛逆期的正确引导？这种现象，在农村更为常见，父母的文化水平低，不知道去和子女沟通交流，造成孩子爱钻牛角尖，性格内向极端。如果家庭中充满了暴力、冷漠，孩子们也更容易具有攻击性。更有一部分家长忙于工作生计，没有太多时间和精力管教孩子，这些孩子沉迷于网络，各种青春叛逆题材电影、网络游戏为其日后的成长种下苦果。

从三个案例来看，他们的家庭教育是失败的，这样的孩子是可怜也是可悲的。

山东省高院的一份数据显示，2012年到2014年，全省法院共判处未成年罪犯 6169 人。据统计，在山东省未成年罪犯管教所服刑的未成年犯，主要涉及三种犯罪类型，分别是暴力型、淫欲型、财产型。暴力型犯罪主要包括故意杀人、故意伤害、抢劫、敲诈勒索等；强迫卖淫、强奸等属淫欲型犯罪；而财产型犯罪主要是指盗窃。每个未成年人犯罪案件中，犯罪形式、动机不尽相同，但有数据显示，八成青少年犯罪案件都属于"问题家庭"背景下的犯罪。

单亲就意味着缺失，这种缺失不仅仅是父亲角色的缺失，更重要的是他们生命成长元素的缺失。他们的童年被雾霾笼罩，生活被溺爱或者无爱浸染，心灵被孤独侵蚀。幼小的生命是灰色的，不是多彩的；他们的生命与完美无缘，他们的成长与残缺相伴。

爸爸去哪儿了？

专家认为 90% 以上的儿童问题与父亲教育缺失有关。事实研究表明，缺乏父爱对孩子的成长极其不利。美国的两位学者曾经合作主持了"全国青年纵向研究"，该研究对 6403 名 14 岁至 23 岁的男孩进行连续追踪，直至他们 30 岁。研究发现，与单亲母亲一起生活的孩子更容易出现暴力行为。

学校教育弥补不了家庭教育的失败，不应该承担家庭教育失败的责任，也不应该把家庭教育失败后的责任全推给学校。学校教育应该有自己的底线和界限，应该让那些失败的家长承担他应该承担的责任。对于单亲家庭的孩子来说，父亲的味道是苦涩的，不要让父亲的背影，成为孩子生命中的阴影。

26　看脸色"行事"

"又没有完成作业。"王倩倩老师很无奈地说起班里的郑超同学。

"是呀,昨天的语文作业根本没动,课本还落在了家里。"语文老师拾起话头说道。

办公室里,老师们你一言我一语地谈论起郑超同学。从老师们的话语中得知,这个出了"名"的同学看来不是一个乖孩子,经常不完成作业,还丢三落四,上课不认真听讲,我行我素,成绩"稳定"地徘徊在C、D之间。

班主任王倩倩很是头疼。她通过家访了解到:郑超的家庭条件在农村中是比较好的,有一个姐姐,他是家里唯一的男孩子。妈妈甚是喜爱这个男孩子,从小家里的人都让着宠着这个"小皇帝"。爸爸批评,妈妈护着。每次犯了错,总能在妈妈的庇护下顺利"过关"。久而久之,养成了任性、娇气、傲慢的不良习气。表现在课堂上就是注意力不集中,以自我为中心,不认真听讲,不按时完成作业;不听管教,你有你的课堂,我有我的地盘,最终导致成绩一般。如果任其发展下去，就会成为一个问题学生，网瘾、抽烟、早恋……将会扼杀掉这个孩子。

班主任老师了解情况后，改变过去直接批评"以堵为快"的说教办法，采取看脸色"行事"的"情感曲线"教育策略。

今天，郑超心情不错，喜笑颜开，春风得意的样子。机会来了，班主任王倩倩老师及时跟进，按照"一表扬二肯定三找碴四融和五定位"的"看脸色行事"路线图进行精心谋划的教育。王老师句句说到郑超的心坎上，处处点到心里的最软处。郑超不知不觉中掉进了老师精心设计的"陷阱"里，在老师的内化教育和外在激励的作用下，慢慢地发生了变化，他开始喜欢课堂了，上课用心听讲了，课下认真做作业了。老师用心了，郑超心动了，犹如一块坚冰慢慢融化，看脸色"行事"初见成效。就这样，在老师的努力坚持下，一个学期，两个学期，经过多个长时间来回拉锯式的"疗程"，班主任的耐心"敷疗"，郑超的"毛病"得到及时的控制，并且有了很好的"疗效"。妈妈逢人便说，孩子最近变化很大，经常回家说老师对自己可好了，爱写作业了，最爱写王老师的数学作业了。这次的期中考试也传来好消息：文化课考试都得了A。王老师感慨道："如今的郑超再也不是以前的郑超了。"

回顾过往，我们发现，王老师针对这样的学生，改变了过去直面问题、劈头盖脸、直击要害的做法，采取借"情"利导、因"绪"施教的策略，收到了明显的效果。其实，王老师是充分照顾到了学生的情绪和面子，解决问题时巧妙地把心理学中的情绪效应应用到教育教学中。让学生在情绪高涨的情况下认识错误、接受教育、改正不足，起到四两拨千斤的教育成效。

何谓情绪效应？是指一个人的情绪状态可以影响到对某一个人今后的评价。尤其是在第一印象形成过程中，主体的情绪状态更具有十分重要的作用，第一次接触时主体的喜怒哀乐对于对方关系的建立或是对于对方的评价，可以产生不可思议的差异。与此同时，交往双方可以产生"情绪传染"的心理效果。主体情绪不正常，也可以引起对方不良态度的反应，影响良好人际关系的建立。因此，管理者在对被管理者做思想政治工作时，一定要注意到被管理者的情绪，双方在平等和睦的气氛中交谈，才能收到良好的管理效果。

我们再来看这样一个典故：古代阿拉伯学者阿维森纳，曾把一胎所生的两只羊羔置于不同的外界环境中生活：一只小羊羔随羊群在水草地快乐地生活，而在另一只羊羔旁拴了一只狼，它总是看到自己面前那只野兽的威胁，在极度惊恐的状态下，根本吃不下东西，不久就因恐慌而死去。

后来，医学心理学家还用狗做嫉妒情绪实验：把一只饥饿的狗关在一个铁笼子里，让笼子外面另一只狗当着它的面吃肉骨头，笼内的狗在急躁、气愤和嫉妒的负性情绪状态下，产生了神经症性的病态反应。

到了现代，随着医学科技的发达，美国一些心理学家以人为对象，进行了一次类似的实验，他们把生气者血液中含的物质注射在小老鼠体内，以观察其反应。初期这些小鼠表现呆滞，胃口尽失，整天不思饮食，数天后，小老鼠就默默地死去了。

实验告诉我们：恐惧、焦虑、抑郁、嫉妒、敌意、冲动等负性情绪，是一种破坏性的情感，长期被这些心理问题困扰就会导致身心疾病的发生。

　　研究表明，人在情绪化状态下，大脑决策时输入或输出的信息都是经过情绪中枢强烈干扰后发生的。因此，作为教师，如何控制好自己的情绪和利用好学生的情绪显得尤为重要。一方面，教师要善于控制自己的情绪，在饱满愉悦的情绪下积极开展教育教学，让积极的情绪影响每个学生，充分利用自己的言行表达深刻而丰富的情感，恰如其分地用手势、动作、眼神等肢体语言传递情感，使师生情感交流温馨和谐。另一方面，教师要学会利用学生的情绪。学生的情绪受多种因素影响，千变万化，具有不确定性。因此，首先，教师要把握时机，借"情"利导，因"绪"施教，学会从学生非言语行为中判断学生的情绪状态，即从学生在课堂学习时的表情、目光、动作、姿势等方面，观察、了解其心理变化。其次，教师应满腔热情地激发学生产生和保持良好的情绪状态。如教师一句热情而富有鼓励性的话、一个亲切而信任的目光，都可能引起学生的亲切感、愉快感、责任感，产生积极的心理情绪。再次，课堂教学中要不断消除和克服学生学习中出现的不良心理情绪，把消极的情绪及时转化为积极的情绪，让受教育者始终处于高情绪中接受认知。

　　教师要学会看脸色"行事"。

27 | 如何抚平2600元医疗费的"心灵创伤"

家长在孩子的成长教育过程中应该扮演什么样的角色呢?

我们来看看这样一位家长。

周四课活时间,七年级一名女学生无视班规和老师的存在,交头接耳,大声喧哗,戳弄周围的同学,影响同学们自习。班主任前去制止,该生不但不听劝阻,还和老师顶撞,争吵了起来。班主任顺势用书拍了拍学生,用脚推挡了一下。

学生感觉在全班同学面前丢了面子吃了亏,放学回家后,告诉父母自己被老师"打"了,且浑身难受。家长顿时怒火中烧,带着孩子来到医院,要求医生办理住院手续,孩子必须住院治疗。事后,不分青红皂白,怒气冲冲地打电话给班主任,要求班主任赔礼道歉,赔偿2600元的医疗费(注:家长无法提供医疗单据,据说只是花了很少的费用)。

其实,学生通过检查并没有大碍,只是情绪低落,心理压力大，根本没有拍片拿药打针的必要。这期间班主任多次上医院看望，并说明情况。家长一直态度蛮横，坚持不赔偿不让孩子上学。

事后得知，事发当晚，孩子就回家休息了，第二天继续来到医院，佯装住院，据说这是给学校、老师施加压力，增添索赔的砝码。

一周后，父亲来学校调解，谈到具体赔偿环节，果然，家长真的拿不出来住院期间的费用票据，"2600"元只是凭空索要。

还有一位家长。

上体育课的时候，八年级的一名学生从单杠上摔了下来。老师过去扶他，却见他浑身抽搐，口吐白沫。老师吓坏了，赶忙打了120，把孩子紧急送往医院。

班主任和校长都赶来了，学生的父亲接电话后也慌忙赶了过来。

大夫说是癫痫，好在已经控制。

家长哭了，说："好好的孩子，怎么在学校就摔成了癫痫……"

几天后，孩子出院了。家长拿着一张医院的诊断证明找学校索赔，白纸黑字写得清清楚楚："剧烈运动导致癫痫。"

学校调查得知：原来，那个学生属于遗传性癫痫，他母亲是个重症癫痫患者。他的父亲为了向学校索赔故意隐瞒了真相，买通了医生，开具了虚假的诊断证明，又为学生设计了别人问起病情的虚假台词。家长真是"用心良苦"。

回顾两位家长的做法，不难发现一个共同的特点：他们在孩子面前选择了作假，背弃了诚信，与诚信友善的社会主义核心价值观

27 ▶ 如何抚平2600元医疗费的"心灵创伤"

背道而驰。

试问家长朋友，你指望敲诈学校一笔钱，可你想过没有，假如你真的敲诈成功，你的孩子因此背上了一个多么沉重的谎言代价。你让孩子以"骗子"的身份在学校里生活，你亲手把一个一辈子都无法抹去的"心灵包袱"放到了自己孩子的背上，你的"言传身教"引领孩子走上了成长的歧路。"金钱"只不过是过往的烟云，可它带来的"疤痕"却深深地戳痛着受伤的"心灵"。在"这样的教育"下，几年以后，敢问，孩子将如何面对身边的一切……

父母是永不卸任的老师。孩子在"粘贴"了父母的外表特征的同时，往往也不会走样地"复制"了父母的品性和人格。

望子成龙，望女成凤，这是天下父母共同的心愿。一切为了孩子，为了孩子的一切，这是家长时时默念的信念。我要让我的孩子成为什么大家，什么名人，将来怎么样……这是家长的铮铮誓言。可是，你要明白：家庭教育不是凭空想象，孩子的成才起决定作用的是家庭，不是学校；孩子成功的关键因素是家长，不是教师。你想过没有？你想让孩子长成怎样的人，你就必须试着争取先成为那样的人。不要指望在孩子的脑袋里放个筛子，让他修得这样的本领——筛掉你的糟粕，仅存你的精华。孩子酷似你的地方不仅仅是相貌，还有品质、德行、性格、志趣及其他。

28 | 妈妈不要求你考第一

"妈妈不要求你考第一。"

这句话是我在一家学屋听到的,听得特别清楚,印象特别深。过来一看,原来是妈妈和学屋的老师在"教育"孩子。两个大人+一个孩子还有一张课桌构成了一幅标准的中国式家长教育图。孩子把胳膊立在课桌上,双手捂着脸,桌子上有一个作业本,身体和桌子紧贴着墙壁,一直保持沉默。两个大人略带威严一本正经地站在前面,他们即使一句也不说,也能把孩子吓倒。何况是在你一言我一语喋喋不休地讲个不停。讲到今天晚上在学屋的表现、写作业的情况,又联系到上次考试,还把三、四年级时的情况进行了一番对比。

妈妈有点儿自卑,语气明显掺杂着一丝怒气:"×××,你怎么不如以前了呢?三年级的时候能考八九十分,现在怎么考七十来分呢?妈妈不要求你考第一,别倒数就行……×××,咱丢不起这个人……"接着她又转过身来,对学屋的老师说道:"不行,你得给加作业，这样不行……我得给他班主任打电话……"

妈妈着急了，孩子哭了！

"妈妈不要求你考第一""别倒数就行""丢不起这个人"……也许是妈妈无意说出的话，可是这些话语像针一样扎进孩子脆弱的心灵。细细品味这句话，传递给我们这样一些信息：孩子是为妈妈学习的；妈妈看中的是成绩；妈妈希望的是第一。潜台词里看得出妈妈对儿子成绩的强烈期待，隐藏着妈妈内心强大的希望，潜意识里告诉孩子，妈妈多么希望你考第一，你要是考第一妈妈应该多高兴！

通过几天的观察和了解，得知孩子的妈妈爸爸是手机市场里的一个商户，每天早上把孩子送到学校，中午孩子在学屋吃饭，下午放学后孩子在学屋里做作业，每天晚上8点左右妈妈来学屋接孩子，先看看作业是否完成，然后再和学屋的老师"研讨"一番最近的考试情况和今天的表现，接着就是对孩子一番"耐心"的说教。每天如此，也许接孩子的30分钟是妈妈与孩子交流陪伴的唯一时间了。

孩子的一天就这样过去了。

我们要问：你理想中孩子的名次和分数就是你对教育的关注吗？你把孩子扔到学校和学屋就是你对教育的付出吗？对孩子的一番埋怨和无理的要求就是你对教育的责任吗？

我们又问：你了解孩子吗？你知道孩子需要什么吗？你陪伴过孩子吗？

"妈妈""第一"这两个词时时地触痛压倒了孩子幼小的脊梁。

妈妈在不知不觉中亲手为孩子关上了一扇通向美好快乐的大门。

眼前的场景，不知在多少个家庭上演，不知发生在多少个孩子身上。也许是见怪不怪、习以为常的事情了。

这位妈妈的行为反映了当下不少中国妈妈的真实现状，也是一种无奈的反应。大部分家庭为生存而奔波，父母只好把孩子寄养在学校或者学屋，更何况我们这些父母都是没有经过培训直接上岗的家长，几乎是属于"无证驾驶"，只知道加油行驶，不知道维修保养，出来问题束手无策。

有这样一位妈妈，她的孩子今年从临沂一中毕业，以优异的成绩被山东大学录取。一年级到高三的12年时间里，妈妈一直陪伴在孩子身边。从孩子良好学习、生活、行为习惯的培养到感恩、励志、自信的优秀品格的形成都离不开妈妈的教诲。更难能可贵的是，妈妈从一年级开始就和孩子一起学习，一起进步，共同成长。一套课本两个"学生"，母子俩你教我，我教你，互相学习，相互赶超，在家里组成了一个学习小组。孩子的学习成绩在班里年级里一直名列前茅，母子俩的学习共同体一直坚持到高中毕业。孩子的班主任告诉这位妈妈，你如果参加今年的高考，娘俩一定会成为大学里的同学。

从两位妈妈的做法中我们不难得出这样的结论：最无用的教育就是空洞的说教，最有效的教育就是一路的陪伴。

中华妇女联合会的一份资料表明，我国有接近3/4的家长教育方法欠妥或有严重偏离，只有不过1/4的家庭教育比较科学。很多专家呼吁，家长们不要以为教育孩子可以无师自通，应该通过各种方式树立正确的观念,学习科学的教育方法。

在孩子成长的道路上,性格、行为习惯起着决定性的作用,而孩子的性格和行为习惯的形成与家庭有着密切的联系。随着年龄的增长,很多情况下我们会发现孩子越来越像自己的父母,但是没有哪些孩子会越来越像自己的老师。美国人泰曼·约翰逊认为"成功的家教造就成功的孩子,失败的家教造就失败的孩子",从这个意义上讲,家庭教育是其他一切教育的基础。我们更要明白这样一个道理:问题孩子的根源在家庭。你的孩子学习、行为、习惯出了问题,主要的原因是你的家庭出了问题。所以,要去就医,诊断家庭问题的病因,开具处方,切除病灶。

有这样一张图表,它形象地告诉我们:家庭的教育、父母的层次决定了孩子的成功。

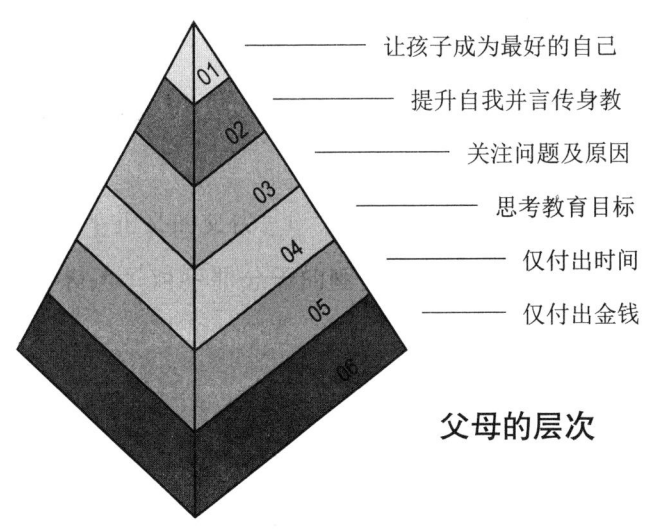

父母的层次

实践证明，很多孩子成功的基础和关键是杰出的家庭教育。教子成才是父母的职责和义务，要使孩子得到良好的培育和教育，要想使家庭教育成为滋润孩子心田的潺潺不竭之泉，家长们需要了解教育的奥秘，找到适合自己孩子的教育方法，不断提升自身水平和层次，努力让孩子成为最好的自己。

29 | 孩子,别逼妈妈来上学

随着广播里的铃声响起,同学们纷纷起立,向老师致敬。和同学们一起起立的还有一个特殊的"学生"——一位三个孩子的妈妈。

"老师好!"

"同学们好!"

"请坐下!"

多么熟悉的声音,曾经的课堂不再陌生,刘妈妈又找回了20年前的记忆。当初的记忆,更是别有一番滋味。

刘妈妈来到课堂已经有三个多月了。她成了这个班的编外学生,时间的打磨早就融化了当初的羞涩和别扭,她已经完全融入了这间教室,上课、下课自然平常,作业、检测轻车熟路。

学校、课堂——总算逃掉的"苦海",妈妈为何又走进课堂,深入"苦海"?又是什么力量让她再次做起了学生,寒窗耕读?

这还得从刘妈妈的同位——刘强说起。

刘强是一名八年级学生，长相俊秀。从小学到七年级，学习成绩虽然不算是非常优秀，但是家长还算满意。照此发展下去，九年级再努力一把，考上重点高中没问题。没承想，七年级刚过，八年级的大门却绊住了刘强成长的脚步，也悄悄地拽住了那颗青春的心。

刘强的爸爸是个生意人，工作忙，没时间照顾家庭和孩子。妈妈是全职太太，前两年把时间和精力都花在了刘强身上，如今，更多的时间是照顾刘强的两个弟弟。刘强升入初中后，妈妈只能隔三岔五地过问一下学习成绩，特别是离校后的监督教育只能托付给附近的学屋。

这种半失控的教育管理往往抗不过青春期的"撞击"，也抵不过周围环境的影响。学屋成了家庭、学校之间的"第三课堂"。刘强每天放学后在这里做作业，起初还能够很好地约束自己，时间长了，和学屋的同学熟悉了，彼此的爱好和习惯便会相互传染。特别是进入八年级后，在学屋同学的影响下刘强喜欢上了游戏，他看着学屋里的同学们放下作业，就拿起手机，你我之间不是在讨论学习，而是热议网游，成绩不再重要。用刘强的话说就是：他们都在玩，都不在乎学习和成绩。环境和氛围的熏染，"润物无声"地在影响改变着眼前的这个孩子，刘强自然成为他们中的一员。时间一长，这一相同的"爱好"慢慢地腐化了成长的自觉。

"蓬生麻中，不扶而直；白沙在涅，与之俱黑。"不良环境会孕育萌发不良行为，不良行为如果得不到及时的发现和纠正，就会降低和影响生命个体成长的质量和方向。行为一旦固化为习惯，就会衍生一系列生活、学习、行为等方面的"负产品"，生命体的"负

29 ▶ 孩子，别逼妈妈来上学

能量"便油然而生。孩子的成长必然会走偏转向。这就是问题的根源。

网游夺走了刘强学习的乐趣，虚拟的空间让他体验到了成功的快感，同伴的"互助"更助长"负产品"的生长，课本和课堂悄悄地溜号了，学习和分数自然偏离了跑道。彼长此消，考试和分数必然落水，"厌学"必将登岸。

这节课是道德与法治，是期末考试复习的最后一节课。老师布置了背诵任务，妈妈也跟着一起复习。班里的同学都抓住最后一点时间拼命地学习，争取考个好成绩。刘强拿起学案，勾勾画画，有模有样。临近下课，老师检查，八个背诵任务，没有一个完整通过。坐在一旁陪读的妈妈怎么也不相信眼前的结果。

"他一直在背诵呀，怎么会呢？"妈妈始终不敢相信。

刘强七年级成绩处于班里的中游水平，八年级却飞流直下，"掉"得吓人。这样的转变当然是这个家庭所不能接受的。

爸妈都是从农村里走出来的，吃够了没有文化的苦头，拼命地打工创业，收入越来越宽裕，生活越来越好，为了孩子接受好的教育，专门买了学区房，对孩子的教育投资"不差钱"。然而，刘强的表现绷紧了整个家庭的神经。妈妈再也坐不住了，才决心陪读。就这样，刘妈妈整天装着班里的课程表，上午四节课，下午两节课准点准时上课，下午大课间后，再回家照顾刘强的两个弟弟。

这就是母子同桌的故事。

再回头看看这个孩子，刘强偏偏搁浅在八年级。分析起来，原因是多方面的：首先，八年级还处在生命成长的青春期，还是一个孩子，这是最大的"人情"，就像我们正处于发展中国家一样，这是最大的国情。青春期——一切教育的出发和归宿，这一时期，是孩子生命成长发育的关键期、心理发展的动荡期、适应自我的反抗期、不断走向成熟的负重期。这个时期的孩子还没有学会游泳，怎么能畅游大海呢？其次，周围环境的影响，这是绕不过去的自然环境中的风和雨，所以考验的是自我判断、调节、修复能力。大海里从不缺少疾风骤雨，需要学会如何去撑桨。再次，来自父母的教育。一个生命自始至终不可或缺的就是来自家庭的教育，这是给予孩子一生的续航能力。父母的教育犹如航行中的罗盘和导航，要时时帮助孩子定位，让其找到生命中的自我，不茫然生存，不盲从成长。父母要及时为孩子调整生命的方向，撑起成长的航灯，让其清晰追梦的航线不偏向，不出轨。在此基础之上，必须有一颗优质的"芯"，这就是生命成长的CPU——"永恒发动机"，为孩子成长提供持续不断的新动能，这是根本。

厌学的刘强也许就是缺失了学习的"动能"。当然，影响学习的因素很多，因人而异，具体问题需要具体分析，但是，驱动学习的CPU是任何时候都不能缺失的。

"动能"来自哪里？

学习需要能力和动力。拿能力来说，一般包括专注力、思维力、记忆力三部分。大部分学生都具备这个学习的能力。一个班级同学的能力不相上下，除非受过专门的训练，或者具有特异功能。不具备学习能力的人很少，除非你有先天的心智缺陷或者认知障碍。只要你没有异于常人的生活环境和异突的生理机能，学习能力都会伴随生命的不断成长而提高。学习的差异主要体现在学习的动力上。好比高铁和普铁,一列列车,只有一个车头有动力和每个车厢都提供动力,速度是大相径庭的。同样,学习也需要能量,需要源源不断的动能,这是内力,是决定因素。只有萌发于内心的蓬勃动力,才能驱使人吸纳无穷的知识。这种动力一旦爆发,喷薄的力量是巨大的。动力主要体现在目标、兴趣和意志三个维度。从这个角度来看学习,影响学习的第一大因素是缺失明确的目标;第二大因素是缺乏学习的兴趣;第三大因素是缺少持久的毅力。目标是学习寻求的对象,是瞄准的靶心。10环的目标,必须由远及近,层层逼近。目标是成长进步的阶梯。夺取成功的金字塔就必须迈过一个个目标的台阶。目标就是动力,目标就是方向,制定目标应该成为学习生活的一种习惯。兴趣需要养和育。一个优质的兴趣需要长时间的养育。学习必须依附兴趣的驱动。良好的学习兴趣是取得好成绩的必要条件。

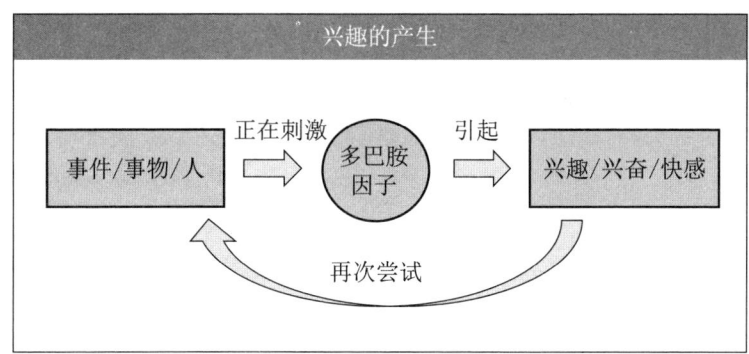

如图所示:兴趣产生的前提是,必须有某个事件最初作为刺激

源作用于我们的大脑边缘系统,并且触发杏仁核产生多巴胺,否则就不会产生对事物的兴趣。所以,养育浓厚的学习兴趣必须让孩子在获取学习成功和体验学习快乐的前提下反复刺激,不断强化正向激励,从而产生兴趣。毅力呢?近几年来,整个美国教育学界被一种全新的教育理念席卷,那就是 grit。grit 一词在古英语中的原意是沙砾,即沙堆中坚硬耐磨的颗粒。grit 可译为"坚毅",但其含义远比毅力、勤勉、坚强都要丰富得多。grit 是对长期目标的持续激情及持久耐力,是不忘初衷、专注投入、坚持不懈,是一种包含了自我激励、自我约束和自我调整的性格特征。如果你见一个孩子"能很投入地一直做一件事很久",这就是 grit。向着长期的目标,坚持自己的激情,即便历经失败,依然能够坚持不懈地努力下去,这种品质就叫作坚毅。

动力和能力构成学习力。学习力是孩子生命成长必备的核心素养,是推动健康成长的关键能力,是伴随孩子一生的能力。

下周期末考试,不知刘强能否进步?不知刘妈妈下学期是否还来陪读?

春天来了,愿天下孩子学习有力,生长有术。

30 | 教育的味道

虽值寒冬,一则消息却让读者格外温暖。"翻墙"女教师救了一家三口人,成为各大媒体争相报道的新闻。连日来,"翻墙"女教师抢占了舆论的重要板块,登上头条,不仅引得众多网友纷纷点赞,也在教育系统引起强烈反响。

据报道,2017年11月28日上午7点多,即墨城西小学一年级三班的班主任崔金华像往常一样到班级里清点学生人数,发现其中一名学生没有来,她心想学生可能只是迟到了,但等待十分钟后,那名学生的座位依然是空的。工作作风一直严谨细致的崔金华老师丝毫没有大意,急忙给家长打电话,但电话无人接听,责任心促使她继续追踪下去,并上报学校。当崔老师辗转打听到学生的父母也没上班后,立即和同事驱车赶到学生家,但敲门无人应答,崔金华老师当机立断,和同事翻墙进入屋内。屋子里燃着一只取暖的煤炉,一股浓重的煤烟味呛得崔金华和同事喘不过气来,一家三口躺在床上,不省人事。崔金华等人赶紧将学生和她的父母送进医院。万幸的是,通过抢救,一家三口脱离了危险。几天后,学生回到了课堂,感激不已的家长给学校送来了锦旗。

崔金华的一个"小心追问"挽救了一家三口的性命。正如她经常挂在嘴边的一句话:"教学无小事,育人需精心。"

此事经媒体报道后,顾明远、林崇德、张志勇等教育名家纷纷点赞青岛"翻墙"救人女教师。青岛市教育局下发了关于在全市教育系统开展向崔金华老师学习的决定。

每年入冬,老师搭救煤气中毒学生及家长的感人事迹屡见报端:《济宁最美老师救了三条命:学生迟到牵出煤气中毒案》《学生煤气中毒,安阳教师家访救人》《为找迟到学生,郑州"较真"老师救下煤气中毒一家》《母子三人煤气中毒,邯郸老师及时救人》……

其实,这样的场景老师们经常遇到,这样的关心老师们从未停止。在这样的一个冬日,以这样一种方式呈现在大众面前,让社会看到了教师的大爱,触摸到了教育的温暖。

平常,这就是教育的味道。

更难能可贵的是,如果需要,教师会用生命选择平常。

2014年的潜江浩口镇第三小学,一名男子携带刀具、炸药、汽油等危险物品,闯入二楼的六年级(4)班教室,劫持了正在上课的老师和学生,犯罪嫌疑人一手拿着爆炸物,一手拿着打火机,准备随时引爆。当时,班内有50多名学生。

被挟持老师秦开美,是这个班级50多名孩子的班主任。面对情绪激动、手拿炸药的犯罪嫌疑人,秦开美提出:"自己留下做人质,让学生离开。"对于自己当时的做法,秦开美说,第一时间想到的是一定要确保学生的安全。……当时也不知道害怕,反正学生能够安全就觉得很放心。

生死时刻命悬一线,一只手抓着 52 个孩子,一只手被拽入死亡深渊。当生和死就在面前时,如何抉择?秦开美没有犹豫,用生命选择了平常,用柔弱的双手支撑起强大的心灵力量,把生推向了孩子,把死留给了自己。那一刻,温柔女教师绽开最美精彩。

这是什么力量?这是何种情怀?这就是教育的味道。

我们还记得,张丽莉老师面对生死一秒的毅然抉择。那一秒,是生与死的分界点;那一秒,一个美丽的灵魂做出了一个美丽的决定,挽救了一个生命,让世界多了久违的感动;那一秒,温柔女教师绽放绚丽芬芳。

回忆生死一刻,这是为了什么?他们用行动告诉我们一个朴素简单的答案:因为,孩子在那里!是的,孩子,在那里。不同的老师,一样的孩子,不同的时刻,一样的抉择。这就是老师,这就是"最美",他们用最美的心灵在孩子的天空画出了最美的彩虹。

这样的教育味道,散发着教师的美丽芳香。

当孩子受到侵害时,谁来为孩子擎起一片蔚蓝的天空?答案毋庸置疑,是老师。相信,假如事情发生在我们身边,我们也会做出同样的抉择。

为什么是老师?

教师自从踏入校园,走上讲台的那一刻,就被赋予了一种特殊的社会角色和使命。爱心、责任和奉献,成为浸润在校园里的教育味道，教师用生命守候一生的味道。

爱心是教师心灵的底色，也是心底最亮丽的一抹色彩。爱心和教师紧密相系，是教师职业的特殊属性和自然属性。师爱无言，师爱无声，对学生的爱是师爱的自然流淌，不奢回报的馈赠。有道是：没有爱，就没有教育。课堂上、宿舍里、病房前……时时处处都留下了教师温和的背影，时时刻刻滋润着一颗颗稚嫩的心。爱心是呵护学生成长的乳汁，是灌溉孩子生命拔节的血液。因为爱，所以爱。六年，九年……那是一辈子。不论您走到哪里，教师都会打开心灵的底色，让您涂写斑斓的人生。或许，您毕业了，工作了，成家了，教师总会用"永爱"铺开您的"心路"，默默祝福您！这就是教师，"爱心"是他们最温柔的"面孔"。

"责任"是教师手中永恒的"教本"。不论代哪门课，教哪个学生，"责任"是教师手中永恒的"教本"，是脱不下的"师德外衣"。教师视"责任"为使命，与"责任"一生相许。或许，他们讲了一天、站了一天，累了困了，可是第二天，他们又早早地爬起来，简单塞了几口饭，奔走在去课堂的路。或许，他们比比周围，看看自己，可能会产生瞬间的动摇，可是，他们又端起课本走上讲台，学生的微笑和期待又唤起他们响亮的声音。或许，他们受了委屈，瞅着不争气的学生，盯着不理想的成绩，愤怒了，摔了课本，骂了苍天，可是，转身之后，他们又平静了，又俯下身子，翻开了学生的作业本。这就是教师，"责任"是他们最坚强的"笔迹"。

"奉献"是教师身体里喷涌的"血液"。其实，当他们选择教师之时，就是奔向奉献之路之始，他们不是在奉献，就是在奉献的路上。教室里他们开启第一把锁，办公室里他们关上最后一盏灯。他们匆匆的脚步、忙碌的背影，不停地穿梭在办公室与课堂之间。虽然是短短的几步，他们却用双脚量出了世界的距离。办公桌前，累了，抬起头，支起身子，接着又投入紧张的工作。讲台上，累了，咳咳嗓子，捶捶腰，又面带微笑娓娓道来。备课、讲课、批改……教育、谈心、帮扶……是他们以奉献为"心"画出生命之"圆"，只要圆心在，他们就奋斗不止，奉献不息！这就是教师。"奉献"是他们最有温度的"课堂"。

我记得一首歌，我非常喜欢这首歌，让我们一起唱响这首歌，品味教育的味道……

如果您渴求一滴水，我愿意倾其一片海；如果您要摘一片红叶，我给您整个枫林和云彩；如果您要一个微笑，我敞开火热的胸怀；如果您需要有人同行，我陪您走到未来……

教育的味道，社会的味道。

31 | 教育的心情

盼望已久的2018年第一场雪终于来了,漫天的飞雪早已夺走孩子们的心,踏雪、赏雪、戏雪……课间,校园立刻迎来逐风追雪、与雪共舞的盈动美景。随风飘落的雪花、镜头前曼妙的身姿、采雪而闹的精彩瞬间点燃了冬日校园的浪漫……

这一切都透过三楼窗子的空隙涌入曹强的视线,一阵寒风袭来,曹强打了个冷战,用手紧了紧外套,接着坐了下来,头顺势伏在课桌上。

"曹强,没去打雪仗吗?"

他慢慢地抬起头:"没有,老师。"

"怎么没去?同学们都在楼下玩呢。"

"老师,我不想去。"

曹强的神态、言语告诉我们,他今天心情不好。

"怎么了?"

"老师,昨晚,我爸……"

不用曹强回答，老师已经有了答案。昨夜，又是"难忘今宵"。

曹强是八年级的一名学生，在老师的眼里，他是一个懂事听话的孩子，只是学习成绩一直不是很理想。

昨天，语文第六单元检测，53分的成绩让曹强心生害怕。5和3，这两个数字让曹爸的情绪降到冰点。果然，昨晚家庭恐怖教育情景剧准时上演。曹强不仅要强忍着来自分数的心灵蹂躏，还要随时准备着迎接来自父母的如荆棘丛生般的"教诲"和暴风骤雨式的肢体"抚慰"。这场家庭教育情景剧一般分两个阶段：第一个阶段是"语之伤"，随着剧情的发展，故事环环相扣。第二阶段的"肤之痛"应运而来，主演们入情入戏，一阵痛打，随着演员情绪的一泻而下，这场情景剧进入尾声。整个演出主题明确，结构紧凑，剧情扣人心弦，高潮迭起，演员演技精彩到位，干脆利落，从不拖泥带水。这场演出最大的收获是爸妈发泄了情绪，消了气，孩子又添了一层厚厚的伤疤。

在曹强的记忆里，这样的家庭教育情景剧从小学就隔三岔五地上演，每个学期从未间断。

用曹强的话说："一听说考试就紧张，一听见爸爸的声音就害怕，再也不想看见爸爸的那张脸。"

曹强的妈妈是公务员，爸爸是人民警察。父母事业心很强，工作都很出色，没有时间照顾孩子，平时，只是问一下孩子作业是否完成，考试考得怎么样，回家后把仅有的一点时间寄托在了看孩子的学习成绩上。当看到不中意的分数，便点燃了心中的怒火。

家长的情绪随着成绩高低而起伏变化，孩子的分数就是爸妈情绪的晴雨表。

我在一个班级做了随机调查，班级中大约有20%的学生抱怨爸妈的脾气不好，40%的学生感觉父母的家庭教育方式需要改变，只有10%的孩子觉得和父母的关系比较融洽和谐。这只是一个随机抽查，但是，也能说明一个问题：父母的情绪一定影响着孩子的成长。

其实，很多"曹爸"就在身边，甚至，我们就是"曹爸"。

如果说学校教育培养孩子的学习能力的话，家庭教育更多的则是培养孩子的学习动力。因此，我们要明白这样一个道理：家庭教育远比学校教育重要得多，动力远比能力重要得多。

家庭教育随时都会发生，并不是时时都有效果。分析曹强的例子，我们或许会有这样一个发现：情绪影响着教育，或者说，教育离不开环境，今天我们所说的这种环境是指家庭教育。家庭中的教育情绪取决于父母的情绪。人只有在情绪饱满、心情舒畅的情况下，才会成长得更好。因此，教育情绪孕育生发教育的成长。没有好情绪就没有好心情，没有好心情何来好教育？教育是生命与生命的面对，灵魂与灵魂的相遇，思想与思想的交融，这种面对中的成长、相遇中的生发、交融里的升华，需要优质的心情土壤。教育的心情就是孕育生命成长的土壤，就是教育生发的环境。只有在好的心情下，才能生发好的教育。也就是说，教育的心情影响着教育的结果。教育的心情从何而来？情由心生，好心情源于好情绪，好情绪生自父母。从这个层面上讲，父母的情绪就是滋生教育心情的土壤。父母只有深耕好教育心情这片家庭教育的土壤，教育才会茁壮生长。

耕耘教育心情，播种温润情绪。

贫穷不会带来教育的失败，但精神的虐待一定会制造一个问题儿童。让孩子生活在精神的虐待中，就如同给他戴上了终生痛苦的枷锁。孩子没有错，问题孩子的背后都有一个问题家庭。孩子的问题，几乎都是家长的问题，只是很多父母不愿意正视自己的问题。父母情绪的平和是对孩子最伟大的教育。失败的教育往往都是父母的坏脾气所导致的。发脾气是最无能的教育。爱发脾气的父母，教育出的孩子容易叛逆、多疑敏感，内心脆弱又好斗。孩子长大后，脾气也很暴躁，为人苛刻，严重的会精神异常。

如何实现情绪的自我调控和管理，这是对家庭教育的综合考验。

放下位置。你是父母，是大人，在社会上、单位中或许有很多的职位和职务，接触的人、经历的事很多，养成了一些脾气和习气，但是你要记住：家门之外是领导，进了家门就是父母。家里最忌讳的是你带着身份、拎着脾气走进客厅。这里是家，是爱的港湾、情的居所。你和孩子是用爱和情连接在一起的。不是领导与被领导，是爱与被爱。爱是家的语言，情是父母的名片，爸妈是你最美的称谓。这里流淌着的是浓浓的爱、暖暖的情。所以，走进家门你要放弃一切，只记住你是父母就好。放下位置是做好父母的前提。

弯下身子。父母要学会弯下身子，与孩子平等而居，平行相处。家庭中需要一种平等的视线，需要一种彼此的尊重，这样我们眼中的他（她）才不会放大和缩小。你站着俯视孩子，孩子仰视你；你蹲下身子仰视孩子，孩子俯视你。虽然只是角度和视线的变化，却是打开沟通交流最和善的大门，也是家庭中最和谐的画面、孩子成长中最美的风景。你弯下的是身子，捡起的是温暖；你仰视的是孩子，赠予的是信心。父母要常蹲下身子和孩子沟通交流，让孩子在平等、自信、爱的注释中成长。弯下身子是做好父母的态度。

低下调子。心平气和地说和争吵，只是声调的不同，却会带来截然相反的效果。平说澄清真相，争吵堵情堵心；平说道出里表，争吵火上浇油；平说化解隔阂，争吵加深误解；平说解决问题，争吵激化矛盾。父母之间、父母与孩子之间的沟通交流是亲情的对话、爱的传递，是彼此之间的欣赏和信任。你我的声音犹如春风拂面，温暖人心。所以，父母要低下调子，让爱的声音在家里共鸣，一起唱响和谐的主旋律。低下调子是做好父母的原则。

沉下性子。发脾气都是因为沉不下性子。随便发脾气就像到处扔垃圾，是非常不好的行为。孩子不应该成为我们负面情绪的垃圾桶，家长要用同理心去教育孩子，让感情自然顺利地流动。静心思考，真实地面对自己的情绪，在发脾气之前告诫自己，再等等再等等，沉淀三秒钟，就会"语"过天晴，气消怒散。孩子做错了事，受了委屈后，不要一味指责、埋怨和打骂，而是去理解、关爱和倾听，当孩子把内心的垃圾倒出来后，才能真正装得进你的良言和教诲。人的脾气都有互动性，你投射出去的脾气往往会加倍反弹回来。所以，我们要让好脾气不断和我们相逢，不让坏脾气露脸。沉下性子是做好父母的根本。

家长走心，教育才能入情。

让教育的心情盛开心情的教育。

32　打 Call，教育的呼唤

下午 4 点半，张自强像往常一样拾掇好店里的零活，开车回家。刚进家门，一搭眼就瞅见了躺在沙发上的儿子。

"张浩，下周就期末考试了，时间这么紧，怎么还不去复习？"

"你还想考大学吗？我看你这个（考学）没戏了。"

"你看你二叔家的大姐，去年上了山大，你大姨家的三哥在英国留学。"

"咱到时候可丢人了，咱这个脸往哪儿放？"

"不争气！"

张浩一动不动，眼皮也懒得抬一下，对爸爸的一番说教丝毫没有反应，显然已习以为常。

这两天，父子俩正为电脑升级的事情闹情绪。昨天刚吵了一架，张浩因为爸爸拒绝了自己的要求，威胁家长不打算上学了，父子俩正在冷战中。

张浩在市里一所重点中学读高二，小学、初中成绩一直很好。

爸爸是生意人，平时工作很忙。妈妈由于工作的原因，照顾孩子和家庭的时间也有限。进入高中以来，张浩因为恋网，成绩一直不理想。爸爸每次看到张浩的成绩，都是"电闪雷鸣+狂风暴雨"。在张浩的记忆里，爸爸管理他的主要方式就是紧盯成绩不放，主要任务就是把仅有的一点儿时间拿来看分数。不管成绩孬好，进步还是落后，都是可劲地提要求，从没听到一句鼓励认可的话。父子之间因此越走越远，产生了排异性，两颗心之间竖起了"隔离墙"，彼此走进对方的心里，可就太难了。

马丁在《中国演说家》中怀念起他的父亲。

马丁记忆最深刻的是：如果有一百句评价一个事情的评语，他特别能够精准地找到最难听的那句送给我。

"期末考试，我考了全年级第二名，全年级第二哦，拿到卷子回家邀功，我妈特高兴，转身准备去给我做我最喜欢吃的红烧肉。

"我爸说，等会儿等会儿，我看看。看完卷子，笑眯眯地转头，对我说了一句所有的家长都可能在那个时候说的话，你们猜是什么？有猜得着的吗？'第一名是谁呀？'

"就是这著名的这一句：第一名是谁呀？当时我就石化了，一盆冰水浇脑袋上。行，较劲是吧。第二年我考了全年级第一。啪！把卷子摔他面前。我心想，看这回你还能说什么。

"我爸拿起卷子，唉，这道题我给你讲过吧，你怎么又错了？

"我愣了，然后我爸对着我说出了他这辈子唯一会的一句人生格言：人最大的愚蠢之处就在于在同一个地方摔倒两次。大家脑补一下当时我热血上涌的那个样子。

"我就站在那里,直勾勾地站在那儿看着他反击:爸,我觉得人生最大的愚蠢就在于他明明想夸他的孩子,但是他不会夸。"

毫无疑问,没有一个父母不爱自己的孩子。为什么还会有令孩子们反感的张爸、马爸呢?

马丁一语中的:中国式的父亲,我觉得最大的问题不在于打骂,最大的问题用三个字概括——不认同。

马丁说出了多少孩子的心声,戳中了多少爸妈的软肋,也击中了家庭教育的痛点。认可,一个再简单不过的汉语词语,却成了孩子们苦苦奢求的一种声音。

马丁说:"我爸对我深深地不认同,从小带给我深深的挫败感,这种失败感会转化为深深的逆反。你不是想让我学理科吗?我偏不!你不是想让我像你一样成为一个工程师吗?我偏不!你不是想让我凭技术走遍天下吗?我偏不!"

而这种不认可的声音带给孩子的伤害,犹如生命成长路上的沼泽——越陷越深;就像结痂在心灵上的伤疤——隐隐作痛。爸妈也许一辈子都不会理解,他们犯下了天下父母都认为不是错的错。

此刻,父母们能否反思一下:爱孩子有错吗?我们错在哪里?

答案毋庸置疑,爱没有错,错在——爱发错了"音"。这声音掺杂着埋怨责骂,听起来那么扎心刺耳;这声音感染了父母的情绪,听起来那么别扭难受;这声音冷凝着情感的冰霜,听起来寒凉刺骨。

教育的声音在哪里?

教育心理学上有一个非常著名的实验。

1968年的一天，美国心理学家罗森塔尔和L.雅各布森来到一所小学，说要进行7项实验。他们从一至六年级各选了3个班，对这18个班的学生进行了"未来发展趋势测验"。之后，罗森塔尔以赞许的口吻将一份"最有发展前途者"的名单交给了校长和相关老师，并叮嘱他们务必要保密，以免影响实验的正确性。其实，罗森塔尔撒了一个"权威性谎言"，因为名单上的学生是随便挑选出来的。8个月后，罗森塔尔和助手们对那18个班级的学生进行复试，结果奇迹出现了：凡是上了名单的学生，个个成绩有了较大的进步，且性格活泼开朗，自信心强，求知欲旺盛，更乐于和别人打交道。

实验者认为，教师因收到实验者的暗示，不仅对名单上的学生抱有更高期望，而且有意无意地通过态度、表情、体谅和给予更多提问、辅导、赞许等行为方式，将隐含的期望传递给这些学生，学生则给老师以积极的反馈。这种反馈又激起老师更大的教育热情，维持其原有期望，并对这些学生给予更多关照。如此循环往复，这些学生的智力、学业成绩以及社会行为朝着教师期望的方向靠拢，使期望成为现实。

美国心理学家威廉·詹姆斯也发现，"人类本性中最深刻渴求的就是赞美"。其实，每个人的内心世界都一样，没有一个学生不想得到老师的认可、赞美和期待。罗杰·罗尔斯是一个非常调皮、经常逃课的美国贫民窟的孩子，令人头疼。有一次，当调皮的罗尔斯从窗台上跳下，伸着小手走向讲台时，意外地听到校长对他说，我一看就知道，你将来是纽约州的州长。校长或许无意的一句话，却深刻地记在了他的心里。从此,"纽约州长"就像一面旗帜,带给他信念,指引他成长。他衣服上不再沾满泥土,说话时不再夹杂污言秽语,开始挺直腰杆走路,很快成了班里的主席。终于在51岁那年,他真的成为纽约历史上第一位黑人州长。

一个再简单不过的实验,却收到了意想不到的结果。它告诉我们:这就是认可的力量,这就是教育呼唤的声音。

近期在网络各大社交平台上频频出现一个词——"打call"。稍加留心就能随处看到诸如"给×××打call"这样的语句。

打call,百度百科是这么解释这个词的:Live时台下观众们跟随音乐的节奏,按一定的规律,用呼喊、挥动荧光棒等方式,与台上的表演者互动的一种自发的行为。打call是对台上艺人支持与喜爱情感的集中表达,看似疯狂,实则理性,主要体现为台下整齐划一的呐喊和一片荧光棒的海洋。

2017年12月12日,《咬文嚼字》评出了2017年度十大流行语,"打call"位列其中。12月18日,打call入选国家语言资源监测与研究中心发布的"2017年度十大网络用语"。

在网络社交用语的情况下,打call的意义发生了更大的变化。一般在网络上的"为×××打call"的用法,其实就是为了表达"我为×××加油""我支持×××(的某种行为)""我认可×××成功(进步)"的意思,表达一种感情上的赞成和情感上的支持,是源于内心的认可。

这不正是我们发自内心所需要的情感吗?这不就是教育的声音吗?若张爸学会打call,就不会有父子之间的冷战,不会有心灵之间的"隔离墙";若马爸学会打call,马丁就不会有印记一生的挫败感,不会有在《中国演说家》中对中国父亲学会认可的强烈呼唤。

打call是暖心的鼓励、会心的眼神、颔首的赞许、盈心的微笑;打call让你我友善、彼此信任、春风化雨、润物无声;打call是一滴水,虽然汇不成汪洋大海,但是它可以照耀太阳的光辉;打call是一粒沙,虽然聚不成辽阔的沙漠,但是它可以观览世界的容颜;打call是一朵花,虽然点缀不出绚丽的春天,但是它可以盛开一路的情感芬芳。

父母要学会打call,教师要学会打call,教育呼唤打call,让打call的认可、赞美和期许激发孩子生命成长的新动能,唤醒孩子追梦前行的新力量。

教育的呼唤——打call。

33 | 校长室的"冲突"

"别抖了。"坐在一旁的班主任提醒道。

"曹伟,别再抖腿了。"班主任再次提醒。

"没听见吗?"爸爸看不下去了。

"怎么回事?"曹伟生气了,大声地反问道。

"叫你别抖腿了,坐在沙发上老老实实的!"曹爸的厉声呵斥也没叫住曹伟。

"你们都怨我!什么事都找我!"

"我这就去'杀'了那个小子!"曹伟起身就要离开。

"你作死!我这就揍死你!"曹爸赶忙过来阻止,爷俩纠缠在一起。

一分钟,60秒的光景,屁股还没坐热,一句话合不来,父与子的怒气"嗖"地冒出来,两股怒火疾风相遇,瞬间点燃满屋。如不及时规劝,父与子的开年大戏将在校长室"精彩"续演。

父子谋面不是情感的美好相遇而是情绪的无理相撞。据了解,

33 ▶ 校长室的"冲突"

上个学期以来,曹家从不缺少这样的场景和画面。

父与子的"冲突"为何会发生在校长室?

曹伟是八年级的一名学生,近期思想变化比较大,情绪起伏比较大,极易冲动,说白了有点儿"狂妄+自大",还沾染了不少社会上的不良"习气"和幼稚的"痞气"。这天,他和班里的同学产生了纠纷,做出了惊人的举动:竟然劫持同学,一手搂着同学,一手拿着匕首指着同学的脖子,扬言"杀"死同学。这突如其来的一幕着实让老师和同学惊吓不已。更让人心惊的是——还竟敢发短信威胁代课老师。谁也管不了,谁说也不听,课堂上公然和班主任叫板,我就是我——不一样的烟火。

"哼——你敢开除我,就是违法!"曹伟不屑一顾、目空一切、趾高气扬地带着未成年的那种邪气,笼罩着整个班级,压抑得老师和同学们喘不过气来。没办法,老师这才把爷俩"请"到校长室。

曹伟浑身上下没有一点正气,邪气痞气丛生。班主任说,曹伟好好"干"的话,班级前十名没问题。在这样一所学校,班级前十将来可是重点高中、大学的苗子。

这个成长中的生命为何折向?这株拔节中的苗子为何蔫了?

曹爸的老家在济南,十年前来临沂商贸城做生意,曹伟一直和奶奶爷爷在老家生活。平时,曹爸曹妈忙于生意场,很少和孩子在一起,直到去年,孩子该上七年级了,曹爸才把曹伟接到身边。

特殊的成长环境让曹伟比同龄孩子多了一个别样的称呼——留守儿童,也多了一份特殊的经历——隔代抚养。

今天校长室的"冲突"让我想起了2018年春晚的第一个

小品——《真假老师》。该小品从家访入题，围绕孩子的成长教育问题，构建了真假老师相遇的故事情节，从而引发了一系列的教育问题。在长达18分钟的节目中，贾玲扮演的"假老师"随着剧情的发展笑料不断。虽然"假老师"把"苏霍姆林斯基"念叨成"苏联的那个大货司机"，文化层次有点儿寒碜，但当她道出"孩子需要的不是钱，是陪伴"这样的醒世恒言时，着实让国人一惊！

这一句话点到了我们许多家庭教育的痛点。很多家长辛辛苦苦在外赚钱，就是希望给孩子提供更好的物质条件，但当赚钱和陪孩子成为家庭的一对主要矛盾时，我们的家长陷入了深深的焦虑中。"孩子需要的不是钱，是陪伴"这句话成了家庭教育的真理性语录。事实上，家庭教育中陪伴是最基本的，这个最基本的很多父母都做不到。

这个小品不是艺术的再加工创造，它是把生活情景真实地搬上了舞台，再现了当下的真实存在。春晚的第一个语言类节目就立足教育，直指生活现实，直揭教育痛点，再次把目光聚焦到这样一个群体：留守儿童。留守——没有农村和城里之分，留守孩子的教育问题已经成为社会潜藏的教育病灶，应当引起家庭和社会的同思共诊。

据了解，我国目前有6100多万的留守儿童，其中义务教育阶段就有2400多万，并且超900多万一年到头见不到父母。留守儿童，一个社会拐点的后遗症，到目前仍没有完整的，哪怕假设的，有效的解决方案。他们守住的是冰冷的家，守不住的是野蛮的童年；留下的是孤寂的情，留不住的是温暖的家。这些"特定"孩子在留与守中摇摆,在生命的空隙里无序成长。他们生命的沿途是没有色彩的风景;他们萌发的时节缺少了生命的温度;他们童年蹚过的是荆棘的生活之路和畸形的心理之殇。

小品中的小明是城市里的留守儿童,不缺物质生活,缺少的是来自家庭的精神陪伴。而大部分农村留守儿童不仅要经受生存的考验,还要经历心理的摧残。这些儿童的生命成长是个大问题,全社会都更应该去关注关心关爱。当然,留守儿童是一种现实的社会矛盾,我们无法阻止它的出现,又不能忽视它的存在。它就像一个坚硬而柔软的刺,扎进这个日益富足的国度,扎在一个个繁华的城市边缘、乡村和山陵,扎痛着孩子,扎疼着社会。

不难发现,小品《真假老师》中的小明和校长室的"冲突"中的曹伟在生命成长的关键时期都缺失了父母的陪伴,缺少了来自家庭的正确引导,所以才产生各种问题。一般说来,留守儿童有三类表现:一是大手大脚花钱,行为乖张,飞扬跋扈,好惹事,好打架;二是性格懦弱,见谁都害怕,胆小怕事,不敢与外界接触;三是看似外表坚强,其实内心脆弱、孤单。童年和青春期非常短暂,不可复制,却是生命成长最为重要的时期。这一时期,身心发展从不成熟走向成熟,从不稳定到稳定,身心发展的品质直接决定了生命的走向和成长的方向,也决定了生命个体发展的质量。

如何让高质量陪伴代替孤独留守,让优质发展替代无序生长?或许家长要先从变革观念做起。

让"钱"程与前程转身。毋庸置疑,父母都爱自己的孩子,望子成龙是天下父母的共同心愿。为了给孩子创造一个美好的未来,父母也是不得已离开了家，完全无暇顾及孩子。父母们想尽可能地让孩子在金钱、物质上得到满足，但因在外工作或生意太忙，而失去了对亲情的呵护，这种亲情的缺失却是致命的伤害。有些父母觉得孩子上学了，有人照顾，不缺吃不缺喝就行了，树大自然直，任其自然发展，我们小时候也是这样过来的。自己只顾拼命地挣钱，然而这种农耕社会式的育子观念早已不合时宜，这样的家长是在拿自己的"钱"程换取孩子的前程。这种赌博式的交易往往家长"堵心"、孩子"赌气"，"堵心+赌气"=问题孩子。身体上的疤痕不难治愈，可心理上的伤害难以愈合。事业固然重要，但是在孩子的成长教育面前都显得微不足道。取舍是道选择题，取"钱"程，必定舍前程；取"票子"，一定会舍"孩子"。家长要切实改变只顾"钱"程罔顾前程的家庭教育观念，还孩子一个锦绣前程。

　　让培养与陪养同行。培养，意思是指以适宜的条件促使其发生、成长和繁殖，也指按照一定的目的长期地教育和训练，使其成长。而陪养，顾名思义就是陪伴养育。虽然一字之别，却道出了家庭教育的核心要义。家长为孩子提供必备的物质条件和必要的外部环境，侧重的是培养；与孩子同生活共学习一起成长，融入的是亲情，看中的是陪养。据调查，60%的职场妈妈早出晚归，无法陪伴孩子，不同程度地错过了孩子成长的关键时刻。30%的职场妈妈每天陪伴孩子的时间不到2小时，甚至有1%的妈妈每天陪伴孩子小于30分钟，成了名副其实的"失陪妈妈"。

　　爱是最真的教育，陪伴是一种永不过时的爱。给孩子最简单而纯洁的爱吧，每天抽出一小时陪伴孩子，听听孩子的心里话。只有这样，当生活上的伤害或挫折发生时，孩子才会更有信心地去面对，带着父母的鼓励和爱，更从容地接受挑战。陪伴与爱，才是孩子成长路上最好的正能量。从全面健康成长的角度讲，孩子渴求的不仅仅是温饱的满足或奢华的生活，他们需要的也不仅仅是对教育的"培养"，而是精神关爱和心灵的"陪养"。

让气息代替栖息。每一个留守儿童都是独一无二的生命，是活生生的人。所有的灵长类都是群居动物，猴子们因为害怕被赶出群体，甘愿屈尊受辱。当一个猴王老了，新的猴王取代了它，对它最严厉的惩罚就是群起而攻之，把它赶出族群。猴王离开这个族群的时候，离死就不远了，即便满山遍野都是果实，它也不能独自存活下去。印度哲学家克里希那穆提认为，人们读书、娱乐、交友、恋爱、结婚、宗教、信仰、工作、活动、兴趣、爱好、权力与金钱欲望都是为了分心。分什么心？分孤独的心，怕自己无事可干而感觉到孤独，怕由孤独感引发莫名的焦虑、恐慌与不安。从人的属性上讲，留守是一种病态的心理折磨和摧残。

留守儿童在某种意义上就是一种栖息生活，就像寄居在这个家庭一样，游离于真正的"家"外。留守就意味着孤，父母不在身边就意味着独。再丰厚的物质也无法弥补情感的孤与独。生活中，这些孩子过早地和父母脱离了情感的依托，失去了亲情的连接，无异于猴子脱离猴群。留守儿童最需要的就是心理抚养。栖息的生活状态决定了孩子失去了一种天然的生命元素——父母的气息。这种气息是母体一种天然的味道——呼吸的味道、皮肤的味道、声音的味道、抚摸的味道。父母生发的气息是独一无二的，是孩子生命成长的特殊心灵养料，是一种无形的心理滋养。孩子从一出生便浸润在父母的气息里，从受精卵开始就寄居在母体，感受气息。婴儿期，母亲的每次哺乳也是一次气息的供养，婴儿最早学会的是通过气息辨别自己的母亲，只要气息在，就是一种心灵依靠和安全寄托，气息就是一种无形的心理抚养。第二次世界大战时很多孤儿长大后出现心理问题，后来发现，在养育院长大的孩子尽管吃饱穿暖，但是他们没有一对一的依恋背景，他们成年后的心理问题很多。孩子依恋的对象首先应该是母亲。当一个小婴孩躺在妈妈的怀里幸福地吃着奶，偶尔抬头看一眼妈妈；当他学着迈步时摔倒了，妈妈把他拥入怀中安慰他；当他快要入睡时，迷迷糊糊睁开眼，妈妈还在他身旁给他哼着催眠曲……所有这一切都是妈妈的一种生命气息，这种气息都会使他对妈妈产生依恋。妈妈的气息对一个孩子的成长来讲，比任何玩具都重要。

校长室的"冲突"和小品《真假老师》给这个忙碌的社会上了生动的一课，"孩子需要的不是钱，是陪伴"犹如钟杵撞响了生命成长之钟，希望家长们真正闻钟声，烦恼清，智慧长……

34 | 徐玉玉，让教育长大

2016年的今天，一个即将步入大学的青春少女徐玉玉因遭遇电信诈骗，画上了人生的句号；2017年的今天，这起备受国人关注的诈骗案经过两天的法庭调查、辩论和宣判，终于在临沂中院落下了正义的法槌。

一起诈骗案吸引了国人的目光，聚焦了全国的媒体。一个案子，之所以能激起极大民愤，除了其间的悲剧之悲，还因为它触碰到了社会痛点。人们从徐玉玉猝然离世的那天起就在不停地追问，在等待一个公平正义的交代。广大网民更是难以掩饰内心的愤怒和痛恨，纷纷表达了对犯罪分子的唾弃和对这个寒门学子一家的同情，更呼唤社会正义和人的良知。

时隔一年，这个交代终于被等来了——主犯陈文辉一审因诈骗罪、非法获取公民个人信息罪被判无期徒刑，没收个人全部财产。其他六名被告人被判处3～15年不等的有期徒刑并处罚金。

实施诈骗的犯罪分子得到应有惩罚，有人说，"正义会迟到，但不会缺席"。一纸判决，或许能抚慰人们愤怒已久的心灵，但对于那个戴着眼镜、右手托着下巴、左手腼腆地做出胜利姿势的徐玉玉来说，永远是一张定格在18岁的生命记忆，是留给这个家无法抹去和揭走的悲痛回忆和扎心伤疤。徐玉玉父亲说他"希望严惩嫌犯，不要一分赔偿"，我们能想到徐父在说出"不要一分赔偿"时的决绝：爱女都没了，赔偿又有何用？

作为一名站在讲台上的教师，今天听到这个消息，再次目睹那张笑靥如花、青春绽放的照片时心中是莫名的悲痛和忧伤。

人走了，案子了结了，生活又趋于平静，不想再次提起这个沉重的话题，但是，它留给我们的思考还没停止，或许，才刚刚开始。我们无力改变这个社会的不良现象和一些人的不端行为，也许，在为逝者祈福之时，可以为当下的教育带来一点微不足道的思考。

为什么一个18岁的生命停止在一起看似普通的电信诈骗前？为什么9900元钱会让人伤心欲绝，郁结于心，不幸离世？为什么一个准大学生却败给一群无良的社会青年？

学生是这个社会的弱势群体，满腹经纶却对社会最肮脏的角落一无所知，诈骗、裸贷、传销、求职陷阱，无数双罪恶的眼睛正紧紧地盯着这些单纯的生命，当不经意间跌入陷阱的时候，付出的代价往往过于沉重。

追求分数没有错，目前，只有分数才能通关，才能过关，不然，你将被分数挡在进阶、晋升和发展的大门之外，特别对于出身寒门的学子，求学就是改变命运、通向幸福人生的唯一通道。可是，当你有了分数，却丢失了生命，再高的分数又有何用？每年，高考前后都是一个敏感的时期，高中生压力大、抑郁、离家出走、自杀的新闻报道屡见各种媒体：高三女生模拟考试后压力太大，绝望地割颈自杀；高中生因厌学服毒自杀，写4封遗书诉说压力大；渠县一孩子高考后留下遗书轻生；一名18岁的高二学生，因厌学选择了服毒自杀；面临高考的巨大压力，高三学生两度自杀；一高三男生因成绩不佳，压力大，卧轨自杀被救；高三复读男生不堪压力，精神分裂，割喉自杀；两名女高中生在写下遗言后，拥抱着从楼顶跳下；某市高二的学生从学校宿舍楼6层上跳下，结束了自己18岁的生命……

寒窗苦读换来的是一曲曲泣血的悲歌；辛苦养育结局是一场场无情的葬礼。他们即将抬脚迈过高考的门槛，却再也无法抬起另一只脚，竟用这种绝情的方式，留给了家庭和社会永远的伤痛。

血淋淋的实例叩问我们，我们是在追求"流血的分数"还是"生命健康的分数"？我们不能否认追求分数的教育，可是我们要让"分数"涂上生命健康成长的底色，坚决拒绝"带血的分数"。

怎样拒绝"带血的分数"？如何让生命健康成长？教育究竟要教给学生怎样的一条人生之路？

党的十八大指出，教育的根本任务是立德树人，是培养德智体美全面发展的社会主义建设者和接班人，学校要把促进学生的健康成长作为一切工作的出发点和落脚点。这是从全局和战略高度对教育工作提出的明确要求。

立德树人、健康成长，多么明确的答案，多么清晰的指向，这才是教育的真正目的。教育是一项伟大而神圣的工作，它的对象是人。人不仅是学习知识的认知体，更是有血有肉的生命体，让生命健康成长、获取幸福才是教育生生不息的使命追求。

如果说，今天的教育奠定了未来20年社会发展的基石，那么，让学生具有能够适应终身发展和社会发展需要的必备品格和关键能力，就是教育要回答的问题，就是落实立德树人的路线和途径。

能够适应终身发展和社会发展需要的必备品格和关键能力，就是学生的核心素养。核心素养是最关键、最重要、不可缺的素养。价值引领、思维启迪、品格塑造是学校和教师的三大核心任务。遗憾的是，在我们中小学，经常可以看到有些学生学科知识掌握得很熟练很牢固，解题能力也很强，但是你跟他相处，马上就会感受到他身上缺了什么东西，这东西就是素养！

2016年9月，中国学生发展核心素养正式发布。核心素养以培养"全面发展的人"为核心，包含了文化基础、自主发展、社会参与三方面，综合表现为人文底蕴、科学精神、学会学习、健康生活、责任担当、实践创新六大素养，具体细化为国家认同等18个基本要点。成果是教育部委托北京师范大学，联合国内高校近百位专家成立课题组，历时三年完成。核心素养是关于学生知识、技能、情感、态度、价值观等多方面要求的综合表现；是每一名学生获得成功生活、适应个人终身发展都需要的不可或缺的共同素养；是一个持续终身的发展过程，将在一生中不断完善。

教育家柳斌指出，核心素养是素质教育的核心，而更为核心的是品德修养。的确，在人生长河的生命成长中，分数和成绩是一时的，是身之表；素养是一辈子的，是心之芯。

我们要交给学生一生随行的能力——自主发展。可喜的是，这点在中国学生发展核心素养中清晰可见。

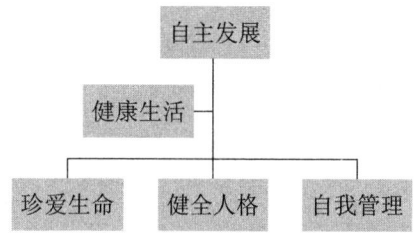

自主发展，重在强调能有效管理自己的学习和生活，认识和发现自我价值，发掘自身潜力，有效应对复杂多变的环境，成就出彩人生，发展成为有明确人生方向、有生活品质的人。教育的成功在于让学生获得自主发展的能力，这是成长的生命力，是生命个体一生随行的能力。健康生活包括珍爱生命、健全人格、自我管理三个基本要点。珍爱生命就是让学生理解生命意义和人生价值；具有安全意识与自我保护能力；掌握适合自身的运动方法和技能，养成健康文明的行为习惯和生活方式等。关键是让孩子们懂得并深刻认识到生命的意义和人生的价值，领悟生命的珍贵，明白生命的唯一性，牢固树立生命至上的生存意识，更要有我的生命不仅属于自己，还属于这个家庭和社会的责任观念。具备健全人格就是要教育学生应有积极的心理品质，自信自爱，坚韧乐观；有自制力，能调节和管理自己的情绪，具有抗挫折能力等。这一点非常重要，就是培养学生良好的情商和逆商，是人际交往的关键技能，是适应社会和生存的必备能力。一个人控制不住情绪，动辄暴跳如雷，是无法在一个团队中生存的；一个人没有定力、耐性和意志，三分钟热情，则对目标不执着，容易三天打鱼两天晒网或者放弃目标，最终一事无成。一个人面对困境时能有效地减除自己的压力、渡过难关，具有心理上的抗风险能力，他就产生了面对打击、挫折和失败的免疫功能，获得了保护生命的安全屏障，能积极有效地应对和避免意外情况的发生，从而健康成长。同时，还要善于自我管理。这些隐藏在分数后面的能力，虽然没有分数和成绩那么光鲜亮丽，看似也无法用分数来衡量和评价，但是它远比分数来得重要，因为这些是生命的一部分，而分数只是生命的附加。

六大素养既涵盖了学生适应终身发展和社会发展所需的品格与能力，又体现了核心素养"最关键、最必要"这一重要特征。

如果这些"最关键、最必要"的重要特征，真正落实，真正成为校园绚丽的青春色彩，真正成为课堂绽放的生命能量，那么，分数和素质将比翼齐飞，一路欢歌，奔向最美的未来，也就避免了一起起悲剧的发生。

徐玉玉案是一面镜子，向外，我们看到信息泄露、诈骗横行的社会之弊，看到了人民朴素的正义之感，听到法治、诚信社会建设的热切呼声。向内，我们也看到教育远未长大，正行走在应试教育与素质教育相互碰撞、彼此磨合的发展之路上。教育面对和指向的是生命，生命最关键的是成长，最终实现的是幸福。如此，让学生获取生命的幸福理应成为学校、教师的价值追求。

苏格拉底的父亲是一个著名的石匠师傅。在苏格拉底很小的时候，有一次，他的父亲正在雕刻一只石狮子，小苏格拉底观察了好一阵子，问父亲："怎样才能成为一个好的雕塑师？"

"看！"父亲说，"以这只石狮子来说吧，我并不是在雕刻这只狮子，我只是在唤醒它！"

或许，当分数有了生命，教育才开始长大……

35 | 我，在哪里

上午第三节课后，刘磊的身影再次出现在办公室。这是他开学一周来，第二次被"请"到办公室。上次是课上和同学扭打在一起，被老师"请"来。

周一上午自习课期间，班主任在会议室开会，班里的两名同学趁着班主任不在，偷偷玩手机，打游戏。其间，班主任放心不下，回班巡查，恰巧撞见玩手机的同学，班主任先收缴了手机，打算会后处理这件事。班主任走后，那两名同学找到刘磊商量"对策"，刘磊"侠肝义胆"，独闯教师办公室。这里会还没开完，他那里早就等待在办公室门口。

"老师，我是来要手机的！"刘磊一脸漠然，嚣张地对老师喊道。

何来此生，如此豹胆？竟然向班主任索要手机！学校明令不准携带手机进校园，何况在课堂上玩看手机，这是"罪"不可恕。

刘磊站在班主任面前理直气壮，自我感觉颇有一番行侠仗义的

35 ▶ 我，在哪里

"英雄"气概。这种带有挑衅的勇气从何而来？

上周，刘磊"替天行道"的"壮举"也给老师同学留下了"深刻"的印象。

老师正在艺术教室上课，外班的张同学悄悄地从后门溜了进来，他不是听课，而是在教室的最后排搞恶作剧，扰乱课堂秩序，影响老师和同学们上课学习。老师发现后对张同学进行了严厉的批评教育。

刘磊听说后，立马找到任课老师："老师，你出来一下，我想和你谈谈，你不能'打人'。"

"你是谁？凭啥让我跟你走？"

老师还没有明白咋回事，刘磊先责怪起了老师。

刘磊的"大侠"之举也使他成为"校园人物"。他三天两头打架，三天两头闹事，没有一个星期的清静，老师拿他没办法，家长更是为此天天头疼。

自八年级以来，刘磊慢慢地变了，变得举止怪异，不可理喻，在学校翘课、打架经常发生，在家顶撞父母，上网聊天，屡教不改，惹是生非，愈演愈烈。学习成绩一路下滑，从班里的16名速降至37名，如此下去，本来一个能升入重点中学的好苗子，恐怕将止步在校门之外。

为了转变孩子的行为，学校多次与家长协商劝其转学，换一个环境，重新开始。

"希望学校再给刘磊一次改过的机会，不然孩子就真的没救了……"家长迷茫了。

"这还是我的孩子吗？"父母发出了无奈的哀叹。

小时候的乖宝宝怎么变得连家长都不敢相认？那个曾经牵在手里的希望——如今成了堵在父母心头的失望。救救我的孩子——家长的苦苦相求犹如孩子青春期里的悲鸣！

刘磊，14岁，一名八年级的学生，生命成长失去了导航，迷失了方向，搁浅在了青春期的港湾。我们了解到，刘磊是一名城市里的留守儿童，童年和爷爷奶奶生活在一起，直到初中才来到父母身边。虽说不缺物质需求，可是缺少了父母的陪伴，成长有过生命的裂缝。步入初中，孩子们还没扎稳脚跟，便要蹚过青春的泥潭。青春期从来都不会绕道而行，也从不会偏爱哪个孩子。它总是不打招呼，迎面而来，有时会让孩子措手不及，"撞"你没商量。在这个生命拔节的关键时期，不能让孩子生命成长的"主干"发"叉"。

青春期是最大的"人情"，是孩子生命成长面对的最大现实，是一切教育的出发点和归宿。自然界中的所有动物都没有"青春期"，偏偏只有人类有，这也许是上帝留给人类的一个考验。青春期是一个特殊时期，是身心发展的过渡变化期、动荡反抗期。青春期少年介于儿童和成人的过渡阶段的地位，使得他们成为社会学上所说的边缘人，地位的不确定性和社会向他们提出的要求的不确定性，使他们产生了许多特殊的心理问题。研究表明，在人的一生中，身体生长迅速、身体各部分的比例产生显著变化的阶段有两个，一个是在产前期与出生后的最初半年，另一个则是青春期。青春期的快速生长发育，被称为青春期急速成长现象。青春期是少年身心变化最为迅速而明显的时期，从身体、外貌、行为模式、自我意识、交往与情绪特点、人生观等,都脱离了儿童的特征而逐渐成熟起来,更为接近成人。在这个时期中,人从儿童向成人发展是可预测的,但是在发展过程中会出现什么情况或问题则不可预测。青春期也是一个矛盾丛生的心理动荡期,美好的愿望与心理准备脱节、心理闭锁与渴求理解、独立意识与依赖心理、情感与理智、进取心强与自控力弱等矛盾伴随左右。青春期还是一个反抗期。由于身心的逐渐发展和成熟,个人在这个时期往往对生活采取消极反抗的态度,否定以前发展起来的一些良好本质。此外,异性兴趣、异性交往、繁重的学习任务等也给他们的身心造成极大负担,有时候还成为主要矛盾。所以,作为父母或教师,正确解读"人情"是教育的前提和基础,也是必修课和必答题。

今天的"答案"是昨天的"问题"。今天孩子书写的青春期的生命答卷是昨天父母"问题"的直接反映,今天的"果"是昨天的"因"。人的心理问题是滞后反应,青春期就是一个问题的集中爆发期。比如,进入初中以后,厌学、网瘾、自我封闭、学习障碍……就会不择而生,荒芜青春。这些问题的产生集中反映了孩子的抚养问题,说明青春期之前的抚养出现了问题。其实,在婴儿期和青春期之间的这一时期的教育抚养非常重要,它奠定了青春期健康发展的基础。这一时期是生命成长的依恋期,依恋期最大的需求就是父母的陪伴培养,最离不开的就是父母,最重要的就是心理抚养,心理抚养远比物质抚养重要得多。人是高能智慧动物,但在生命的初期,却是最无助的生物、最需要父母呵护关爱的一个群体。这种现象在心理学上称为依恋,也就是依靠、眷恋。依恋是教育、管理孩子很重要的基础。二战时期的很多孤儿在孤儿院长大，虽然智力正常，但是很多人都有心理问题。心理学家研究发现，都源于早年缺少一对一的抚养。依恋情感产生从出生开始，会持续到青春期前，只对抚养人形成，年龄越小，依赖感越强。当孩子依恋你的时候，你说什么，他都会听，所以这个阶段就容易教育。依恋期的心理抚养是孩子成长的天然疫苗，对父母的依恋情感是健康的心理之源。早年的依恋就是资本，是日后教育重要的基础。如果没有这个基础，后面的教育就会很困难。没有亲自抚养，想教育子女就很难，因为缺乏的是对孩子心理的影响力和控制力。所以当妈妈遇上问题，首要的是反求诸己，看是否曾经有过与孩子的"失恋"。

我在哪里？

生命的成长都有自己的节律，生命中的"我"是一个不断寻找"自我"生长的过程。9岁的时候，他开始意识到"我"开始出现，这时他会感到非常寂寞。14岁的时候则与原来的精神世界完全断开，感觉自己"嗖"地如闪电般一下子降落到了现实世界。此时他像消了磁的指南针一样，完全失去了方向，在"吱吱吱"地转，不停地转，他要重新确定自我。他需要这个过程，因为只有从旋涡里走出来他才会成为那少年！这种痛苦是他必须要经历的，正如他的物质身出现的时候，他要经历的那个痛苦一样，疼痛才是对的！14岁是人生最大的一次危机，也是他的"人生的第二次诞生"，心理学家称这一时期为"第二次危机"。如果说人生的第一次危机——"断乳危机"是在温暖的襁褓中度过的，幼儿的反抗充其量也不过是无力的挣扎、无望的哭闹。那么，人生的第二次危机——从精神上脱离父母的心理"断乳",却来势迅猛,锐不可当。无论在形态上,还是生理上,都有较大的改变。这些迅速的变化,会使少年产生困扰、自卑、不安、焦虑、暴躁、对看不惯的事较易发脾气等心理问题,甚至产生不良行为。在这些外力磁场的干扰下,他的指南针发生了偏转,此时如果有外力强制让它指向北,当外力消失的时候,他又重新回到混乱。所以,青春期是孩子寻找自己的关键期,是在寻"我"的过程,他要确定那个"我",寻找来这世界的使命,是从走进迷茫到走出自我的一个重生的过程。

也许,特殊经历遇见青春期让刘磊的人生指南针失灵了,生命的长河里,不知道自己是谁、在哪里,他不停地转动是在竭力地搜寻生命中的"我",定位成长的方向。

36 | 教育就是唤醒生命的一瓢引水

课间操,蒋硕领着姜珊来办公室找我。

"老师,姜珊肚子疼,想去卫生室找大夫看一看。"蒋硕对我说,"我领着去,那个大夫我熟悉。"

我开好出门条,给了蒋硕50元钱,让她领着姜珊去。我从窗户远远地看着蒋硕搀扶着姜珊走出了校门。

这是本学期以来,蒋硕第五次主动领着"病号"去看病。入夏后,有的同学不注意饮食或夜间受凉,头疼肚疼、发烧感冒的比较多。如今,班里只要有"病号",都知道找蒋硕,她非常乐意带着同学去看病,也因此在班里蒋硕的美誉度迅速飙升,学习状态也有了很大的转变,早读背诵从不落下,家庭作业也认真完成。

蒋硕变了。

之前,蒋硕可是一个让人头疼的女孩子。

七年级新学期,蒋硕自我推荐当上了英语的助理课代表,协助课代表郑洁工作。起初,在和同学们接触认识的过程中看不出有什么异样，工作也很认真。两个月后，班里的同学开始打小报告，反映蒋硕上课说话、不配合郑洁工作、不完成作业等情况。其间，我几次有意地提醒，并没有带来改变。一个12岁女孩思维的萌芽在悄悄地"走神"，行为在慢慢地"跑偏"，一颗不羁的心在校园里肆意地飘着。课堂成了安放躯体的场所，教室之外却是灵魂激荡的乐园，身心早已分离。从厌学到逃课，从课上玩手机到课下躲在厕所里抽烟，从帮哥妹"站场"到深夜不归……蒋硕"遭遇"着断崖式"坠落"。

马克思说："教育绝非单纯的文化传递，教育之为教育，正是在于它是一种人格心灵的唤醒。"

教育家第斯多惠说过："教育的艺术，不在于传授，而在于激励、鼓舞和唤醒。"

"一棵树摇动另一棵树，一朵云推动另一朵云，一个灵魂唤醒另一个灵魂。"这是哲学家雅尔贝斯关于教育本质的一段阐述，被人们广泛引用。

既然教育的本质是"唤醒"，那如何才能"唤醒"这个飘荡的灵魂，唤醒她内心的美好，让这个成长中的生命散发出灿烂的光辉，走正生命之路呢？

我老家在农村，过去吃水不方便，六七十年代，周围几户庄邻合伙在村南岭挖了一眼井，又凑了钱，安装了一个压水井。缺水的年代，这个压水井给村民带来了生活的希望，每天早上挑着水桶、推着小车来取水的人排起了长龙，成为乡村一景。小时候，我也经常跟着母亲来取水。凡来取水的村民都有一个不成文的规矩：谁最后走,都要取上满满的一瓢水放在压水井的旁边,当作引水。我问母亲,为啥都要留引水。母亲说,没有引水,就压不上来水,不能光想着自己,也得想着别人,这是行好。

一瓢引水换来的是源源不断的活水,引来的是希望,滋润了千家万户。从生命成长的角度来说,教育其实不就是一瓢引水吗？我们端起这瓢水点燃的是成长的希望,唤醒的是生命的灵魂。这瓢水是引子,是挖掘智慧源泉的引子,是导向人生之路的引子,是激发生命活力的引子……

滋养蒋硕的"引水"哪里来？

我通过其父母了解到,去年10月,自从蒋硕的弟弟出生后,孩子的性格变得有点儿古怪和任性。向父母要东西多了,提的要求多了。爸妈的注意力180度大转弯,全都集中在弟弟身上,蒋硕的要求得不到满足,不仅少了关注,也缺少了爱,蒋硕从父母的中心一下子跌落到家庭边缘。我判断蒋硕患上了"二胎恐惧症",在家里失去了位置,在班里失去了方向,一步一跌地走"歪"了。

怎么办？正在为蒋硕发愁的时候,机会来了。

一天下午,第二节课后,蒋硕手捂着肚子,拖着身子来到办公室。

"老师我肚子疼。"

"怎么了？"我抬头一看,只见她脸色蜡黄,额头渗着虚汗,是真病了。

"今天中午,出去吃了个煎饼,添加的辣椒太多了,还吃了烤串,可能是吃的有问题。"蒋硕有气无力地说着。

我心想，到学校村驻地的卫生室去看看就行了，没有大问题。

"开张请假条？"

"行。"

"有钱吗？"

"没有。"

没有钱，还生病，恰是我介入温情抚慰的好时机。

"我送你去？"

"不用，我自己就行。"

"还是我送你去吧。"

其实，我早已打算送她去。看样子，这次病得不轻，不然，凭她的性格绝对不会来找我的。学校到卫生室虽然只有几百米的距离，我还是开着车把她送去了。

"你是孩子的爸爸？孩子患了急性肠胃炎，可能是食物中毒引起的。孩子急需输液，要在这里观察治疗，我给你开药，你去付钱拿药吧。"医生边诊断边告诉我。

"好的，医生。"我以家长的口气答应着。

针扎好了，液体一滴一滴地流入蒋硕的身体，我拿起板凳放在了床前，像一个父亲一样，嘘寒问暖地关心起来。

"好点儿了吗？""哪里还不舒服？""想喝水吗？""饿了吧！""我去帮你买包牛奶！"……

我用眼睛的余光偷偷地瞟向蒋硕，看见她的眼睛是那么温润柔和，少了平日里的冷。表情是那么平静，少了平常挂在脸上的漠然。眼光里透出的是温柔的善意，表情中散发着温暖的怜爱。

就在我们目光交汇的一刹那,她微微地露出一丝歉意的微笑。这微笑虽然说不出来,但是却能真切地感受到。

蒋硕枕着这微微的笑意入睡了。等她醒来,爸爸妈妈已经站在了她的身边。

第二天,我收到了一封写满歉意却充满爱意的信,信里夹着86元昨天我垫付的药费,信的落款是:一个让您不省心的学生——蒋硕。

"老师,我错了……那一次是我故意气您的……以后我会改,不再惹您生气了……"读着字里行间的一句句暖心的话语,我的眼睛湿润了……

站在我面前的蒋硕是来还钱的,也是来还情的,这情只有我俩能共鸣。

没想到一次意外的生病,竟然改变了一个学生;没想到看似普通的帮助会在孩子的内心掀起如此大的波澜;没想到不到两小时的陪伴,换来的是一份沉甸甸的爱。

一次温暖人心的呵护就如一瓢教育的引水,引来了迸发无穷力量的源头活水,滋养了生命个体的茁壮成长。

初中的孩子们正处在从童年迈向青年的少年阶段,这一时期是他们身心发展成长的关键时期。品德发展由动荡向成熟过渡,也是所谓的"心理断乳期"或"危险期"。心理发展一方面具有社会性和闭锁性,另一方面又具有动荡性和敏感性,还要面对生理变化的高峰。他们开始独立思索,有了自己的见解和行为方式,同时,又不轻易地表露自己的内心世界。他们的情绪、情感两极性十分明显，容易激动，十分热情而又经常动荡、变化，所以容易出现冲动行为。

这一时期是一个生理心理交替发展的变化期、思想矛盾叠加凸显的动荡期、三观逐步形成奠基的特殊期。这个关键时期的教育显得至关重要。学业发展的正确引导、人生歧路的及时纠偏、行为思想的恰当干预、困难彷徨的温暖相助，哪怕是一个赞许的眼神、一次发自肺腑的点赞、一次温情的陪伴、一句诚恳的表扬、一次及时的相助、一场交心的畅谈……都是唤醒生命的一瓢引水，是激活生命健康成长的源泉。

《礼记》说："师也者，教之以事而喻诸德也。"教师在学生心目中是无可替代的，课堂的一点一滴、老师的一言一行无时无刻不发生着深刻的教育。今天，病房里的温暖感动引来了一个生命重新生发的希望，这个希望能否成就未来？没有答案，可我们看到了当下正在发生着的改变，这也许就是教育所需要的一瓢引水。

教师就是要站在课堂上，双手捧着教育，一心播种"引子"，奉献在"行好"的教育之路上。

37 | 教育就是让孩子获取生命幸福

周五晚上，高杰和张宇约好去游泳。

高杰提前10分钟来到游泳馆，张宇在妈妈的陪同下也准时到来。

"阿姨，你回去吧，有我呢，我照顾张宇，放心吧！"高杰自信不疑地告诉张宇的妈妈。

"高杰，你们要小心一点儿，张宇不会游泳，你要看紧他，千万要小心。"

张宇的妈妈不放心，一直在大厅门口站着看着。

在前台，高杰熟练地办好一切手续，领着张宇走了进去。高杰并没有立刻让张宇下水，他先领着张宇来到泳池大门口的宣传牌前认真地学习了游泳的常识和注意事项。接着，他们又看了更衣室、卫生间、消毒区、淋浴间、儿童活动区、浅水区、深水区等馆内布局，还给张宇介绍了馆里的游泳教练和工作人员。最后，他们换好泳衣准备下水。

从如何热身、自我保护、吸气与呼气的转换到蛙泳的第一个动作，高杰都煞有介事、手把手地教给张宇，俨然一个教练。

馆外，张宇的妈妈一直没敢离开，她还是不放心。这次让张宇出来游泳，妈妈做了很多"工作"。张宇是个"宅男"，周六、周日，大门不出二门不迈，就知道学习，在班级里是同学们羡慕的"学霸"、学习的榜样。张宇一门心思扑在学习上，爸妈都感到欣慰和高兴。可是，张宇整日窝在家里，拒绝外出，也很是让家人犯愁，家长担心时间长了，孩子会出问题。

为了孩子健康快乐地成长，张宇的妈妈听说班里高杰同学喜欢游泳，就找到高杰，希望他能领着张宇学游泳。高杰愉快地接受了。

高杰和张宇是七年级时的同学，两家一路之隔。在班里，他们虽然坐得很近，可是学习成绩却差得很远，简直不在一个星球上。张宇是"尖子"，是学习标兵，是老师和同学心目中的"好学生"，身边不缺鲜花和掌声，是学优生；高杰是"底子"，是老师和同学们调侃的"调料"，伴随身边的是课堂的无聊和成绩的无奈，是学困生。

平日，一个是"井水"，一个是"河水"，不可能走在一起，没想到，今天两个生命却相遇在泳池，游泳让两个小伙伴第一次这么亲切亲密地"连接"在一起。

高杰一会儿在池边示范，一会儿在水里指导。动作练习、技巧衔接，教导得有模有样，自信满满。有时还调侃张宇："你就是个旱鸭子，怎么这么笨呢？我都给你说N遍了，还不会，傻呀，你！"

看得出来，泳池就像高杰的课堂。从办理入馆手续、参观泳馆布局到要领学习指导，高杰安排得有条不紊、井井有条。他能把自己所知的所学的一五一十地传授给张宇，能在"学霸"面前教授游泳，他是多么自信。可以这么说，泳池才是属于高杰的课堂，他在这所课堂里听得有滋有味，学得有声有色，不仅找到了快乐和幸福，还把自己的幸福和快乐传递给他人。我们能想象得到，这一刻高杰是多么快乐幸福。

高杰和张宇是两个相同的生命，却走向了两种不同的成长道路。

在课堂上，张宇找到了学科知识学习的乐趣，尝试了遨游学海的快乐，他的生命在一张张华丽的成绩单中绽放；在泳馆里，高杰同样也寻找到了运动的兴趣，体验了畅游泳池的激情，他的生命在一次次超越自我的速度中绚烂。

初中是学生生理和心理发展的关键时期，更是生命成长中的重要阶段，这一时期的教育甚至决定了孩子生命成长的走向和未来。成长中的学生面对的教育应该是多元的，他们的生命成长方式应该是多彩的、快乐的。

一个人的成长有先天遗传基因的影响，更受后天家庭和社会环境的影响，这些因素在孕育影响着孩子的爱好兴趣发展，兴趣和爱好影响着孩子成长的生命方向。

如何让孩子的成长体现生命的价值，获得生命的幸福？这也许**就是教育最终奔向的目标。**

不可否认，当下，很多的家长和老师把"学生"看作单纯的"考生"，把学科"成绩"简单地看作评价孩子的一把尺子，把"学"摆在了家庭和班级的第一位，把"生"放到了课堂之外。

其实，高杰在家里和课堂里找不到快乐和幸福，在升入初中后，妈妈甚至无情地打断了高杰的游泳训练。原因只有一条，妈妈觉得，虽然高杰在每次游泳比赛中都能获得很好的成绩，但是训练会影响以后的中考成绩。在大多数家长和老师的眼里，文化课成绩就是标签，好成绩就是好孩子，好成绩就是好人生。这种不当的教育价值追求，导致人们学到知识而不懂生活。因此，直面人的生命的教育、追求生命价值的教育、为了人的生命的教育才是我们真正需要的教育。其实，不论毕业于哪个学校，不论受到过何种教育，孩子最终面对的是生活，都得回到生命本身。学生作为生命个体，他要学习掌握生存的常识和技能，以便独立地面对世界；还要学习遵从生活的律则与规范，以便和谐地与人相处；更要学习探索生命的价值与意义，以便有尊严地立于天地之间。所以，孩子不仅要学习如何考试、如何升学、如何择业，更要学习如何快乐地生活、如何获取生命的幸福。因此，"学"有所获（成就），"生"有所值（价值），生命才更有意义，"学生"才更幸福。

党的十八大把立德树人作为教育的根本任务。立德树人是根本，是教育的生命线，也是学生个体生命成长的生命线，把一个个鲜活的生命培育成为"身心健康、聪明智慧、道德高尚，富有自主意识和创新精神"的公民，是党和国家赋予教育的神圣使命。

作为一个教育工作者，让学生获取更多的知识，为以后的升学和发展打下扎实的文化基础是重要的，教育学生养成学会学习、健康生活、责任担当、实践创新的核心素养更为重要。追求成绩和提高素质并不矛盾，成人和成才是相向而行的，是共同迈向成长的，只是它们呈现生命价值的方式不一样，但是，最终追求的都是生命的幸福。教育就是要有发现生命成长的眼睛，要有推动成就生命的双手，要有拥抱成长与成才的胸怀，才能让"人"走得更远。

今天的游泳课对张宇和高杰来说是难忘的。班级的"学霸"成了"学渣"的学生，"学渣"成了"学霸"的老师。"学霸"在教室里找到了生命的价值，获得了生命成长的幸福；"学渣"在泳池中找到了生命的价值，获得了生命成长的幸福。高杰给张宇上了一课，也给我们上了一课。高杰的梦想虽然没有那么宏伟和远大，但是，千万个高杰的梦想却撑起了中国梦，我们不奢望高杰们创造伟业，只是希望他们成为社会的有用之人。

我们无法拿教室和泳池来衡量两个生命的价值，也无法判断他们生命的未来，但是，我们却能看到不同的生命在教室和泳池中自信、快乐、幸福地成长。

每个人都应该有自己的生命坐标，他们用生命划出的抛物线都应该是幸福的，那样，我们的教育才更美丽。

38 | 教育就是让孩子找到生命的主场

下半场的哨声吹响了,秋霖和春霖再次来到赛场,这是全区中小学足球联赛的最后一场,是决赛。赛场剩下的35分钟也许是他们足球生涯的最后35分钟,此时,球场迎来了决胜的关键时刻,秋霖和春霖却迎来了人生的赛点。

上半场,秋霖在一次卡位防守中受伤了,对方球员为了抢夺位置,用膝关节重重地顶了他的后腰,他是忍着疼痛在球场上拼抢;春霖也受伤了,右脚的脚指盖劈了,在昨天比赛的对攻中受的伤。

中场休息时,秋霖和春霖告诉教练:希望比赛快一点儿结束,减少一点儿痛苦;又想慢一点儿结束,多在球场上停留一会儿。

看得出来,他们很纠结,恨不得马上结束,结束对抗冲撞带来的痛苦,又想终场的哨声晚一点儿吹响,多一点儿时间享受球场的快乐。

走到今天,春霖和秋霖心里憋了一口气,他们想证明自己,想给父母抱回一个奖杯。今天，他们特意把曾经的队友邀请到了赛场，让队友用手机记录下每分每秒，回去后，细细地"品尝"今天的比赛，怕以后再也没有这样的时刻了。

比赛继续，赛场上的秋霖和春霖一点儿看不出受伤的样子，他们还是拼得那么积极，抢得如此卖力。此刻，球场好似画板，足球犹如手中的画笔，他们在绿茵场上抒写一幅人生的写意画作，观众从他们穿插挪移的奔跑中感受到了那忘我的速度，从他们抬脚抽射的英姿里品味到了那无我的激情，速度和激情给春霖和秋霖带来了快乐，他们不是在踢球，而是在享受足球。看着他们绿茵场中穿梭的身影，仿佛看到了球场中的生命课堂，足球里的人生讲台，也许春霖和秋霖的生命在球场，人生在足球。

为了这场比赛，秋霖和春霖等了两年。可是，两年前，根本无法在春霖和秋霖的身上体会到久旱逢甘霖的喜悦。

秋霖和春霖是双胞胎，秋霖是哥哥，春霖是弟弟，哥俩出生时，父母专门找人起了名字，孩子的到来像甘霖一样给这个家庭带来了希望。

父母是外来务工人员，老家在四川，七年级那年，父母带着春霖和秋霖来到山东，在一家篷布厂打工，出苦力挣钱。父母没有文化，把全部的希望都寄托在两个孩子身上，满心指望自己的孩子好好读书，改变命运，别像自己一样，舍家撇业，到处跑来跑去地给人家打工，辛苦一辈子。

来到新的环境，春霖和秋霖在学习上并没有很大的起色，渐渐地对学习失去了信心，父母也是干着急，没有办法，哥俩就是对课堂不感兴趣,"钻"不进去,七门课程总分总是徘徊在200分左右,两个人上下不差20分。似乎可以看见,哥俩两年以后逃脱不了和父母一起打工的命运,甚至等不到两年,哥俩就已经辍学,出现在工厂的车间里。

父母希望的甘霖在哪里?

七年级下学期,学校补充足球队员,哥俩一商量,决定报名。他们把想法告诉了班主任,没想到班主任同意了。不过这一决定,哥俩瞒过了父母,父母一直坚持让他们考高中,上大学。

也许是在课堂里憋得太久,哥俩一来到球场就显得异常兴奋,他们那种无比的兴奋和怒放的心情都写在了脸上,就像挣脱马厩的小马驹肆意地奔跑在空旷的田野。春霖和秋霖碰到了足球,就像触电一样,身体和足球时刻擦出激情的火花。人已经粘上了球,球已经贴住了人,无法再分开。也许,这就是班主任没有阻止他们,他们没有告诉家长的原因。他们的课堂在球场,足球就是他们爱读的那一本书。

为了证明自己,为了不让父母失望,哥俩训练特别能吃苦。传切配合、突防站位,都用心地去练,一个动作有时练上百次,甚至上千次,哥俩从不叫苦叫累。有时,一天不用上厕所,喝的水都成了汗水。他们看足球书、读足球报、聊足球赛,在手机上下载"懂球帝",天天泡在足球里。下课了,教练走了,他们再踢上半小时。

暑假里,哥俩联络身边的队员自己组织起了训练队。他们在学校西边停工的农贸市场工地上,用砖头砌起了球场,用竹竿搭起了球门，几个队员每天练得有滋有味。

秋霖说："不踢球，浑身不舒服，难受。一摸着球就兴奋。"

"有一次，后腰送过来一个过顶球，他快速突破，闪过后卫和边锋，在离球门20米远的位置，毫不犹豫地一个推射，球擦着门柱滚了进去，打了对手一个猝不及防，教练在场边远远地竖起了大拇指，感觉真过瘾。"秋霖谈起进球，总是掩饰不住内心的激动，张开双臂奔向队友，高喊"加油"。

春霖最难忘的是一次助攻。在和九中比赛时，他单刀突破到中路，此时，对方守门员出击了，如果他不传球或者传慢了，这个球就叫守门员截去了。关键时刻，他用脚背向左轻轻一拨，球直奔前锋，前锋抬脚射门，球进了！

哥俩在教室里找不到自信，却在球场找到了快乐，在进球时体验到了成功。足球改变了哥俩，把他们从辍学打工的边缘拽了回来；足球帮助哥俩走上正路，让他们认识到，人不能走偏了，就像足球一样，它的方向就是球门。

两年来，无论春夏秋冬，哥俩都沿着足球划出的弧线一直奔跑在人生的道路上。

6月就要中考了，春霖和秋霖明白，这也许是他们最后一次代表学校比赛。他们很看重这次比赛，两人分别是左右前锋，春霖还身兼队长，深知自己肩上的担子，虽然都有伤在身，哥俩并没有把伤情告诉教练，怕的是教练换人，自己不能上场。

下半场哥俩更是拼上了全力，双方抢得异常顽强，0∶0踢平，最后进入点球决胜。也许是教练的安排，秋霖第一个出场，春霖最后一个出场；也许是上帝的安排，秋霖第一个球进了，春霖的最后一个球打在横梁上飞走了……

球队 3:2 赢得胜利。全体队员捧起奖杯，欢呼雀跃，庆祝来之不易的冠军，春霖和秋霖一起跑到教练身边，相拥而泣。

35 分钟是短暂的，可人生的赛场是永恒的。对于别人，只是一场普通的比赛，而对春霖和秋霖来说，是一场人生抉择的赛点。赛场之外的课堂，200 分的文化课成绩，似乎决定了他们无学可上，即使赢得了胜利，也被挡在了"球门"之外。足球还是那个足球，人却不是熟悉的那个人。

我们在为哥俩惋惜的时候，应该怎样帮助他们拼好以后的人生赛场？

教育就是找到最好的生命方式。踢球就是春霖和秋霖最好的生命方式，因为他们在这里找到了生命存在的价值，感受了成功的喜悦，足球让他们生命绽放，球场就是他们生命成长的主场。

今天的比赛结束了，明天的人生比赛刚开始，手捧奖杯的春霖和秋霖能否再次找到那份成长中的快乐？能否找到属于自己的生命主场？

39 | 分数在你们的眼里就那么重要吗?

"分数在你们的眼里就那么重要吗?"

一个七年级的孩子哭着喊出了内心的疑问。

7月,骄阳似火,一个好有温度的季节。在毕业和升学的滚滚热浪席卷之下,对于家庭和孩子来说,经历的不仅是酷暑炎热的炙烤,更是一种期盼与等待的煎熬。分数,这个具有特定教育意义的词语在7月显得异常敏感。有时是家长和孩子心照不宣刻意回避的话题,有时也是躲也躲不过去的坎。当分数成为生命前行的通行证时,7月的分数似团火,令人难以安生。

孩子是七年级二班的一名学生,叫孙阳,是家里的独生子。爸爸是乡镇机关的工作人员,妈妈是医院的大夫,在城郊乡镇,这样的家庭条件是比较好的。父母有文化,自然重视孩子的教育,把家庭的希望都寄托在了孩子身上。特别是进入初中,家长渴求孩子成才的愿望更加强烈。

39 ▶ 分数在你们的眼里就那么重要吗？

孙阳在家里享有优厚的待遇，生活学习上的要求都能得到满足，学习成绩却不温不火，比较一般，平时没有一落千丈的低谷，也没有一鸣惊人的突破。每次考试，家长都不很满意，按照这样的水平发展，升入重点高中的可能不大，升学无望。七年级上学期，家长有点儿着急，不但时间靠得更紧了，而且还给孩子报了辅导班，重点学科还单独找了名师辅导。孙阳总感觉自己付出了很多，也满心期待着成绩一定会有提高。

7月的日历刚刚揭开第一页，分数的脚步就伴随着期末考试悄悄来了。孙阳的成绩不仅没有进步，反而从班级的15名滑落到18名。

"邵老师，昨晚做了个噩梦，儿子没考好，我一直担心的事情发生了，怎么办呢？"

一天晚上，孙阳的爸爸打来了电话。我劝解他："教育不是投资做生意，今天投资明天就能看到收益，需要一个慢慢转变的过程……"

从电话里完全可以想象到爸爸的焦急心情和渴求高分的强烈愿望。

今夜，爸爸憋屈的"怒火"终于爆发，客厅的温度骤然升高，"怒火"夹杂着可恶的分数激烈地燃烧了！

爸爸无法控制自己的情绪，表现出对孩子成绩的强烈不满，埋怨、责难都来了："怎么考的？""这个分数连一般的高中都考不上！""五年后，怎么考大学？""考不上大学就找不到好工作！""你说，你对住谁了？！""哪里有你这样的孩子！""你看看某某,这次又进步了!"妈妈还不时在一旁帮腔……这"火"烧得比较猛烈,孩子哪里能经受得了如此"炙烤"?孩子默不作声,流泪了。也许是爸爸的期望太高了,分数一次一次对他的打击太大了,爸爸的责备演变成为一场无父子之爱、无家庭之情的严厉残酷的训斥。孙阳再也承受不起这扎心的刺激,彻底地崩溃了!

"你就知道天天让我学!"

"分数在你们眼里就那么重要吗?"

……

哭喊声充斥着整个客厅。

爸爸也哭了,哭得很伤心,哭得声音很大……

分数这团"火"无情地炙烤着这个家庭,客厅里刮来分数的热浪,"蒸"出了一家人的苦痛泪水。

是呀,分数到底是什么?为什么家长如此关注分数?

自从"量化"这个词走进管理学,就成为教育最常用、最有用的评价手段和指标,量化再也离不开分数。作为一名班主任,深深明白孩子们天天在与分数打交道,几乎所有所学都用"讨厌"的分数呈现,每天都要碰到五花八门的分数评价,也是老师对学生最直接的量化考核。同样,学校考核教师量化的是你所教学科的成绩(分数),教育部门考核学校测量的重要指标就是升学率(分数)。不仅如此,社会上议论的也是这个学校有多少个考上重点高中、名牌大学的学生(分数),就连家长之间讨论孩子的学习好坏也是看孩子在班级的名次(分数),这些都离不开分数。也就不难理解孙阳的爸爸为何如此地看重分数了。在常人看来,好分数就是好学生，好成绩就是好未来，他们在用分数为孩子算命。

追求分数有错吗？也许没有。目前，分数是最公平合理的选拔人才的手段。大多数人通过一步一步的努力迈过一层一层的分数门槛，走向一级高过一级的学府，直至走向社会。从这个意义上讲，人生就像和分数纠缠在一起螺旋上升的攀登游戏一样，只有顺着分数的梯子，不停地攀登，坚持不懈地过关，才能实现更好的人生。

但是，如果要把分数放在生命个体成长的人生长河中来看，分数万万不可成为评价成人成才的依据和标准。

前些日子，在微信圈里看到了一个视频，以为是暴风雨摧毁了广告牌砸到了人，地面，一片兵荒马乱。看完方知是一名初中二年级的学生，因为期末考试成绩不佳被父亲数落跳楼了。

天下着雨。想到那个跳楼的女孩不过十三四岁的样子，生命戛然而止；想到那个女孩的父母，今天及以后的日子里，该怎样面对这样的伤痛？

如果分数和生命捆得太紧，看到的往往是一场悲剧。

在我看来，分数是贴在教育最表层的一层膜，是教育的细胞膜，我们所追求和看中的应该是教育的细胞核，它所承载的是孕育成人成才的DNA。人是有思想的生命个体，是活生生的，是成长中的生命。一个有思想灵魂、智慧语言、能动意识、喜怒哀惧、七情六欲的生命体怎么能用一个简单的分数来衡量和评价呢？教育是促进生命个体成长的认识活动，最终指向的是生命的幸福。一个人（学生）通过学习教育而获取生命的价值，他就是幸福的。在生命幸福面前，分数仅是堆砌的数字而已。从这一角度出发，分数只是阶段成长的追求目标，生命的幸福才是人毕生追求的价值。

有人说，分数是一眼就能看见的教育。不错，你看到了教育的一棵树，而没有看到教育的一片林。分数只是一棵树，教育才是一片林，当你走进森林，满眼望去的就是教育。

站在家长和老师的角度，当有人问我们"谁最让你感到骄傲和自豪呀，哪个是最优秀的学生？"时，我想大多数老师和家长答案是一致的：那个在全国、全省或者在本市各类竞赛中获奖的学生，那个在期末考试中取得年级第一的学生。

其实，平时在我们很多老师和家长的眼中，优秀是和分数画等号的。因为，一提起他们，我们那种自豪的心情满满地充盈在脸上。这一点我们应该学学杜鲁门总统的母亲。

美国总统杜鲁门当选后不久，有位客人前来拜访他的母亲。客人笑道："有哈里这样的儿子，你一定感到十分自豪。"杜鲁门的母亲赞同地说："是这样。不过，我还有一个儿子，也同样使我感到自豪，他现在正在地里挖土豆。"

一位总统的母亲都能够为自己的总统儿子与种土豆的儿子而自豪，我们为什么就不可以呢？我们能够自豪地认可高分，为什么就不能自豪地认可低分呢！难道只有做"总统"的是自己的孩子，而拒绝承认"挖土豆"的是自己的孩子吗？

分数在你们的眼里就那么重要吗？

40 | 别让青春止于舌尖

一名初中二年级的学生，因为期末考试成绩不佳被父亲数落，女孩觉得面子上过不去，跳楼自杀。

几年前，本地有所初中学校禁止女生留长发。有个女孩被老师家长勒令剪头发，那女孩不从，也是选择了从楼上跳下。

辽宁盘锦，一初中学生跳楼，因其爸爸为了制止他玩手机，将他手机从高楼上扔下。让人没想到的是，这孩子竟然尾随着手机一起跳下楼，当场身亡。孩子父亲悔恨不已，跪地号啕大哭。

三个花季少年就那么决然地走了，生命永远静止在最美的青春。他们留下了永远的悲痛，一个丢失在敏感的分数前，一个走失在绚烂青春的容颜里，一个消失在网络电子的世界中。分数、容颜、网络，是青春期少年无法绕过的弯儿，也是无法躲过的坎儿。

这三个让人痛心的例子都是源于平常生活中的一件小事，瞬间或者较短的时间里却酿成了无法挽回的惨痛。如果时间可以回溯，我可以断言：三个孩子的家长或者老师绝不会是这种处理方式，更不会是这样的结局。父亲看到孩子的成绩，烧着了内心的怒火，直接愤然地表达了不满；老师面对学校的决定，毫无顾忌地端起了冰冷的剪刀；家长看到讨厌的手机，简单彻底地关闭了沟通的电源。这些简单冷暴的动作，伴随着无情决然的语言，亲手"制造"了一起起生命的死亡。

　　我们可以想象，就在决定生死的几分钟，甚至几秒钟，那种死亡凝固的空间和时间里，家长脱口而出的每一个字都是在制造生命的隐患，每一句话都是在敲响死亡的丧钟，每一个声调语气都是在奏起恸地的哀乐。

　　祸从口出，灾自舌来。是你用最简洁最直接最容易的方式杀死了自己的孩子。哪怕你翘一翘舌尖，命运就会转向。

　　试想，我们现在可能有无数个方法避免类似情况的发生，可是在当时你怎么也不会想到极端事故的出现。原因只有一个，我们表达情感情绪的窗口没有把握好，感知五味的舌尖没有控制好。

　　原来，说话如此重要。对于青春期的孩子来说，舌尖上的隐患是生命成长的最大隐患。

　　如何说话？怎样把握舌尖上的安全？

　　和孩子对话是一门有规则的独特艺术，有它自己的含义。在交谈时，孩子很少是无知的，他们的信息里经常有需要解读的密码。

　　特别是初中的孩子，正值青春期，生理和心理正处于发展的关键时期，从童年期的幼稚慢慢过渡到青年期的成熟，他们思想不稳定、行为不受控；意识懵懂、思维简单；好奇心强、叛逆心重；这些行为和心理特点决定了在和孩子们沟通交流的时候必须掌握一定的方式方法。

孩子没考好，本身就受到伤害，更可怕的是家长的不理解。当孩子感到被理解时，他的孤独和伤痛就会减少，他们对父母的爱也更深了。对孩子受伤的情感来说，父母的同情是情感上的急救药。当我们诚恳地承认孩子的困境，说出他们的失望时，孩子常常会获得面对现实的力量。

剪刀是建立在母子父女之间的桥梁。沟通好了，剪掉的是一缕可以再生的头发；沟通不畅，剪掉的是永远捡不回来的生命。和孩子沟通要建立在尊重的基础之上，还要有技巧，同时照顾孩子和父母的自尊；要先说出表示理解的话，然后再提出建议或意见。

冲动是魔鬼。对于沉迷于手机、网络的青少年，你扔掉的不是他的手机，而是他的精神依赖，所以他会随手机一起走。家长要学会判读孩子的精神，学会控制自己的情绪，在理智的状态下沟通。当孩子处于强烈的情感中时，他们听不进任何人的话，他们不会接受任何意见或安慰，也无法接受任何建设性的批评。

但是，不幸的是，当遇到孩子行为不当时，家长往往意识不到是因为不安的情绪导致了那样的行为。在纠正他们的行为前，一定要先处理他们的情绪问题。只有当孩子的心情平静时，他们才能正确地思考，才能做出正确的举动。

在上面的例子中，家长犯了一个致命的错误，控制不住舌尖，没有学会倾听。伤心、愤怒、害怕、困惑或者痛苦，在这样情绪激动的时刻，没有什么比一个人的聆听和理解更让人觉得安慰的了。如果父母能够学会体会孩子外表下所隐藏的痛苦、失望和无助，用关心的交流取代批评说教和意见，以及鲁莽的行为，用人与人之间的理解去给予孩子慰藉，用恰当的言行，采取正确的方式，开展有效的沟通，将会对化解矛盾带来很大的帮助。

事实上，我们大多数人花费50%～70%的工作时间在沟通，而人与人之间的交流沟通80%是用语言来进行的。同时，有研究数据表明，我们工作生活中70%的错误是由于不善于沟通造成的。

所罗门说了一句智慧的忠言："你见言语急躁的人吗？愚昧人比他更有指望。"《爱》一书的作者理查·施特劳斯写道："如果在批评之前有几句推心置腹的赞美，我们会更愉快地、有组织地，且肯定地表达我们的思想。我们会鼓励，而不是伤害我们的伴侣。"

41 盗中"道"

"不是我……不是我……"

"妈妈，妈妈……"

深夜，妈妈被一阵喊声惊醒，急忙来到儿子的房间。"儿子，你怎么了？快醒醒，快醒醒……"

妈妈边喊边拽起儿子。

被噩梦吓醒的张达，额头浸满豆大的汗珠，心神不定，神情恍惚。

"吓死妈妈了，达达你怎么了？"妈妈急切地问道。张达睁大眼睛看了看天花板，又瞅了瞅周边熟悉的环境，告诉妈妈自己刚才做了一个噩梦。

"好了，儿子不要害怕，这是在家里，妈妈就在身边，赶快睡觉吧！"

真的吗？张达被刚才的梦吓了个半死，惊恐不定的他又回想起那个梦。

课间操，张达和平常一样正在操场练习体育中考项目。一个同学来告诉他：王老师在找他。张达心里害怕了，难道这么快老师就知道了？不一会儿，王老师和年级主任一起向他走来。

"张达，我们年级吕老师的钱丢了，你知道吧？"

"我不知道。"

"你拿了没有？"

"没有。"

"要实话实说！"

"老师，我真的没拿！"

"张达，我告诉你，我们老师的办公室里、走廊里都安装了摄像头，什么时间，谁去过，都记录得清清楚楚。你到底拿了没有？"

"老师，我……"张达紧张了。

"下一节课，我去调监控，调完监控去报警，到时候后悔都来不及了！"

"有同学看见你去过老师的办公室，还想抵赖？快点儿把钱拿来……"

"不是我……不是我……"

张达被这突如其来的调查惊醒了，恐惧演化成了一场真实的噩梦。

做贼心虚。这几天，张达一直生活在恐惧之中，像一只时刻被猫紧追的老鼠，提心吊胆，魂不守舍。

坐在床边惊魂不定的张达不敢把真实的"梦"告诉妈妈，故作镇静地说:"妈妈,我没事,一会儿就好了,别担心,你去睡觉吧!"

第二天,梦的现实版准时真实地上演了。

张达告诉我,没想到这么快老师就知道了,没想到"梦"得这么准。如今,坐在我面前的张达再次谈起这件事显然放松了许多。为什么一个九年级的孩子竟然走向了这条"路",如此大胆地把手伸向了自己的老师?"偷"从何来,"盗"向何方?

几天前,九年级教师办公室失盗了,吕老师放在抽屉里的钱少了2000元。这些年来,老师办公室里少了这么多钱,不多见,很奇怪。前一天放学,吕老师还数了数,用纸包好,放在中间抽屉靠里的地方,拿了一本书压好,准备明天存银行。第二天,却发现少了2000元。吕老师只好拿自己的工资先填补了这笔钱。很蹊跷,怎么办?吕老师并没有声张,而是在心里排查。来办公室的人无非就是同事、学生和家长,这些都不太可能,难道是外来的,社会上的小偷?不可能!是学生?没有这么大胆!吕老师找来同事王老师一起查看监控,从当天下午放学到晚自习下课的这段视频查起,并没有发现可疑的线索。

没过几天,办公室里又有人"光顾",王老师收缴学生的手机不见了,怀疑被学生偷走了。学生上课不敢带手机,能藏在哪儿?走廊西头的配电室引起了王老师的注意,他曾看见学生有时躲在里面逃课。果然,在电闸盒子里发现了匿藏的手机,通过电话记录顺藤摸瓜,找到了作案嫌疑人——张达。

不会是他吧?吕老师猜测着。但是,监控显示,那天放学一直到晚自习结束都没有发现张达的影子。难道是早上丢的?吕老师和王老师再次想到了监控。不出所料，第二天早上，7点3分，一个学生先后两次走进办公室。视频慢慢放大，身影越来越清晰，越来越熟悉，不错！还是张达！

俗话说，做梦也没想到，可是，张达偏偏梦想成真。

原来，张达是办公室里的常客，经常帮助老师干一些提水、打扫卫生之类的活。这天吕老师让张达往政务处送一份登记表，张达无意间看到了放在抽屉里的一沓钞票。这一瞅，深深地记在了张达的心里，可是一直没有机会下手。第二天，张达早早来到学校，经过办公室的时候，正好看见门没锁。机会来了！张达暗自高兴。手开始痒了，心也开始痒了。他悄悄溜了进去，发现没有老师，然后走了出去，看了走廊和楼梯，断定周围安全后，再次来到吕老师的办公桌前，用事先准备好的工具撬开抽屉，拿了2000元，迅速恢复好现场，若无其事地回到教室上课。

"这是第几次？"

"第四次。"我从张达的眼睛里看得出，他没有撒谎。

"第一次是拿谁的钱？"

"爸爸的。"

张达是独生子，父亲在家里开办了一家对外加工的小厂子，雇了三四个工人。平时经常有给工人开工资、支取提货供货的钱，爸爸养成了一个习惯，钱随便放。张达上六年级的时候，有一次，在爸爸卧室的桌子上看到了钱，他犹豫了好几次，还是没有控制住自己的手，悄悄地拿走100多元。第一次被发现后，爸爸进行了严厉的批评教育。可是爸爸随手放钱的毛病又给张达创造了机会，时间不长，张达又顺手拿走了爸爸放在客厅茶桌上的300多元。

"看到钱就想拿。"张达不经意间的一句话说出了心里的真实想法。从随手无意拿走到有意窃取，从第一次到第四次，张达的成长在慢慢地扭曲，人生在慢慢改变航向。

青春期的孩子是进行道德品质培养的关键期，这个时期孩子品质的可塑性较强，对孩子进行道德思想，特别是法律底线的教育非常有必要。这个阶段，孩子受心理生理发展的影响，会做出一些意想不到的行为，这一节点的教育和引导至关重要，处理不好，将影响孩子的人生航向。偷窃是时有发生的一个错误行为，如果不及时矫正，带着这一恶习走向社会，将危害终生。

盗并不可怕，关键是让其在"盗"中明德，在"盗"中明道。

心理专家介绍，张达的偷窃行为属于冲动型和无知型，表现为情绪冲动，物质引诱而不能克制，缺乏法律常识、物权观念，以及物质欲望过高。造成这一结果的原因主要是心理和家庭环境因素。成长中的青少年攀比心、占有欲较强，当不能拥有同龄人所拥有的东西时，就会使用"不告而取"的方式，设法取得他想拥有的东西。同时，好逸恶劳，容易受物质的引诱，加上侥幸的心理，就会促使这一时期的孩子采取偷窃的方式，以供自己享乐。除了上述个人因素外，张达的家庭环境因素亦助长了偷窃行为的发生。父母忙于生计，无暇照顾孩子，又过于放任，对孩子偷窃行为纵容，没有彻底地根治，使孩子逐渐养成了从事偏差行为而觉得无所谓的态度。

如何矫正？改变是一个过程，需要家庭和学校的共同努力。家长要营造良好的家庭氛围,树立"勿轻小事,小隙沉舟"的教育理念,发现孩子的不良行为,及时指出、纠正,做到防患未然。由于孩子意志力薄弱,抗诱惑力低,所以家长要切断不良的因素的影响,使孩子具有抗拒诱惑、坚持正确行为的能力。俗话说:"蓬生麻中,不扶自直。"良好的学习、生活环境,对孩子的身心起着重要作用,让环境的熏陶逐步纠正心理偏差,清除不良的品行,培养高尚的情操。

同时,要及时跟上必要的心理辅导治疗,让行为人对行为的后果和危害性有深刻的认识和反省,对于习惯性的偷窃行为,要综合考虑青少年成长过程中的偶然事件和临时环境,针对个案综合分析,长期矫正。

这一次,学校、家庭、社区三方针对张达开展了心理教育和行为纠偏,让他深刻明白了盗窃的法律刑责,懂得了偷窃的严重偏差行为,强化了自我控制力,进一步导正他的道德观与价值观。

还有20多天就毕业了,我问起张达今后的打算,他告诉我准备加紧复习,备战中考,争取考上高中。

张达能否记住今天的教训,重新搜索人生的定位,驶向人生的正确航道,没有明确的答案。但是,他今天能走出自己,讲出过去,说明他已经有了改过的念头。

42 施教与养育

　　教和育，教育。这两个字，这一个词，是与教师关系最密切的。作为一名教师，怎样学习教和育呢？笔者以为要"养育施教"。
　　让我们从造字的角度了解一下"教"和"育"。甲骨文的 ⚏ 由四部分构件组成。其中，右半部分 ⚏ 有两组构件，上面是一个树枝（卜），下面是一只手（又）；左半部分 ⚏ 也是由两个构件组成，下面是一个头向上的孩子（子），上面是 ⚏。从造字建构上可以看出教的本义是：一只手（又）拿着树枝（卜）在地上画 ⚏，一个小孩（子）在旁边观看。随着社会的发展，古人慢慢赋予"教"字更深远的意义。隶书的"教"字，变成"孝"，引申为教师高举教鞭，教育学生要从孝作善，也可以理解为学生对待老师要像在家里尊奉父母一样。古有"一日为师，终身为父"的说法。甲骨文的育（ ⚏ ）是由 ⚏（人，指女人）和 ⚏（倒写的"子"，表示儿童时期、小孩）组成，造字的本义是孕妇生子。篆文异体字育（育）演变为 ⚏（头朝下的孩童）和 ⺼（肉，长肉），表示出生婴儿是母亲身上的一块肉。俗话说："孩子是母亲的心头肉。"引申为生产并抚养，爱护和养育。

从造字的本源和古人要表现的寓意看，可谓用心良苦。"教"是从孝的起点去教育孩子，用孝的高度去对待老师；"育"是像呵护孕妇和女人一样养育孩子。如果回归字的本源，老师用"施教"和"养育"的认识去从事教育工作，这也许是古人和当今社会、家庭所期待的。

何谓"施教"和"养育"呢？在《礼记·学记》篇中记载：教也者，长善而救其失者也。是说教学就是发扬学生的优点，长养学生的善性，补救学生的过失。《说文解字》指出，"教，上所施，下所效也"。"育，养子使作善也。"告诉我们：教就是老师给予示范性影响，让学生效仿；育就是要怀着一颗孕妇的心，去教育孩子和学生，使其养成一种向上向善的品格。不难理解，教是外在的接受，是一个由外向内的过程，需要"施"；育是内化的修炼，是一个由内向外的过程，需要"养"。

细细读来，古人对教育之道有着深刻理解：把"做人"作为教育的定位，是根本；把"作善"作为教育的目标，是方向；把"长救"作为教育的内容，是核心。"手持教鞭"体现了古人对教育的严谨，"月上有子"展示了古人对教育的态度。一笔一画充分展示了先人们的卓越智慧、至善之境。

如何"施教"和"养育"？教的是成才的知识和技能，育的是成长的潜能和个性。教是传授知识、技能和技巧的施教活动。重点是传授基础文化及其理论知识、生产生活知识、技能技巧等适应社会所需要的知识,为后天的学习和成长打下基础。如果说教是传授知识,那么育就是立德树人,塑造学生积极、健康、向上的品格和修养,培养学生广泛的兴趣和爱好,增强社会责任感、创新精神、实践能力,使其成为适应社会发展的优秀人才。在这一层面,通过"教"得到的是知识、能力、过程与方法,通过"育"收获的是情感、态度和价值观。这与当前新课程标准中要求在教学中落实好三维目标是相吻合的。

"施教"和"养育"是贯通的,是相融的,是分不开的一个整体。教是为育而存在,育是为教而升华。教中润育,育中寓教。教按照育的设定目标来进行施教,育根据教的规律来定位。课堂上教授知识和技能的过程,同样也是培育思想和品德的过程。相应的,在教化学生塑造正确的思想和观念的同时,也是传授知识和技能的过程。因此,教是育的开始,育也是教的开始。教与育并行不悖,相辅相成,相互促进。

让我们再回头看下教(𝕏)和育(𝕏)。这两个字都包含子(𝕏)。这说明教育是直面人、发展人的事业,是孕育生命生长的事业。教育者,尤其是作为职业教育者的教师,每天直面的是鲜活各异的生命,每天都浸润在生命生长的气息中,每天都在目睹着一个个生命在教育的影响下一点一滴地生长变化。从这个意义上说,生命的生长是教育者存在的使命和不可替代的价值。卢梭有言:教育即生长。就是要有意识地从人的整体生命生长和发展的角度出发,发现开掘人的生命潜能,进而把潜能转化为现实,使人成为人。因此，教师要深刻认识到生长既是教育的原点，也是教育的归宿。一切教育的目标、内容、手段和方法，教师的辛勤耕耘，都要围绕"生长"这个原点展开。如此，当我们端着课本，走进课堂，面对学生，才能在黑板上书写生命的光辉。

"施教"和"养育"，好比教师的左手和右手。我们把手张开，给予孩子的是梦想；我们用手托举，给予孩子的是力量；我们双手相拥，给予孩子的是温暖。让我们携手同行，一起养育施教，共同生长。

43 | 送给孩子一生随行的能力（品质）之规矩

教育，我们再熟悉不过的一个词语，一个人的一生都离不开教育，教育时刻都会发生。当我们从学校走向社会，应从教育中吸收怎样的力量，让生命幸福健康成长？

2016年，北京八达岭野生动物园内发生一起老虎伤人事件，32岁的女游客赵某中途下车被老虎拖走严重受伤，其母周某下车追赶遭老虎撕咬死亡。一年之后，赵某的父亲赵先生到北京延庆法院对涉事动物园提起诉讼，索赔154万余元。事件再次引发热议，波澜再起。

我们在为逝者心痛之余，回顾曾经的那一幕，也许会重新带给我们一点关于教育的思考。

事后，调查组通过调查取证和对各类证据材料的分析论证，结合专家组意见，对事发原因做出如下认定：

造成此次事件的原因：一是赵某未遵守八达岭野生动物园猛

兽区严禁下车的规定，对园区相关管理人员和其他游客的警示未予理会，擅自下车，导致其被虎攻击受伤；二是周某见女儿被虎拖走后，救女心切，未遵守八达岭野生动物园猛兽区严禁下车的规定，施救措施不当，导致其被虎攻击死亡。

据了解，八达岭野生动物园在事发前进行了口头告知，发放了"六严禁"告知单，与赵某签订了《自驾车入园游览车损责任协议书》。

如果参观是一场游戏的话，当你领着门票、拿着告知单、签订好协议书的时候，双方就已经订好了游戏规则。假如你把规则当作一句轻飘飘的耳语，动物怎么会保持沉默呢？结果必将付出惨痛的代价。有句话说得好：无规则社会将成为疯狂动物园。

再来看一起事故。

山东临沂一个由中老年人组成的晨跑团被撞的新闻再次揪住了人们的目光。2017年7月8日5时，驾驶人董某驾驶的出租车沿滨河路行驶时，与正在晨练的队员发生碰撞，致使丁某、王某、商某受伤，商某经抢救无效死亡。

事发后，舆论场把矛头集中指向了暴走团的参与者，"咎由自取""撞死白撞""坏人变老"等声音不绝于耳。规则，再次成了讨论的焦点。如果不是暴走团违法占用机动车道，悲剧就不会发生……不守规则就要付出代价。

这几天，北京八达岭野生动物园再爆出两起游客违规事件。一边是园区反复强调游客游览要求，一边是游客危险事件不断爆出，尽管总有"血的教训"出现，为什么依然会有心存侥幸之人？答案只有一条——藐视规则。

事件发生时,大家都热烈地发表意见和建议,表达自己的观点,释放内心的情绪,这个可以理解。可是,事件发生后,如何冷静地理性思考和反思才是更重要的。

社会上不拿规则当回事的大有人在,因此,遭到规则"报复"的人和事也层出不穷。在寻求"例外""法外"和"规范之外"的侥幸时,却忘了老祖宗的一句话——"不以规矩,不能成方圆",结果换来的是滴血的教训。

"万物莫不有规矩。"何为规矩?规,造字本义是指初涉社会的后生向长辈专注观摩,用心见习;矩,造字本义是指工匠用来画直线直角的大工尺。古人称圆之标准为"规",称方之标准为"矩",规矩引喻为规则、礼法。古人用智慧告诉后人,生活就在规矩中,人生就在方圆里。

千百年来,古人以规定圆,以矩制方,创造了意义深远的行为规范教育。规矩一直被人们看作立德修身的优秀历史文化传统传承着,影响教育着一代代中国人。

不逾规,敬畏矩。在我看来,规是约定心的,矩是约束行的,只有手中有尺度,心中有规范,才能站得直、立得正、走得远。人们时刻要有不逾规的思想意识和敬畏矩的道德底线。司马迁说得好,"人道经纬万端,规矩无所不贯"。大社会有大规矩,小集体有小规范,微生活有细规则。无论过去和将来,规矩无所不在,规矩就在我们身边,不管做任何事都要讲究一个规矩。规是经线,矩是纬线,规矩联合便结成了时代的经纬,约束人们前行,维护社会发展。守规矩就要守住本分。该做的去做，不该做的不要越雷池一步。守规矩就要守住制度。制度就是约束，制度就是牢笼，不能越笼而出，不能随心所欲，为所欲为。守规矩就要守住底线。底线是生命的红线，逾越底线就要付出沉痛的代价。我们是生在规矩里，活在规矩下，规矩伴随我们生来死灭。虽然，规矩看不见，可是心里一定不能没有规矩，如果谁胆敢挑战规矩，教训往往是深刻的。

纵观今日逾规之事，大多都是没有敬畏矩，心中无矩无规才酿成了人生的大祸。甚至以违反规则、礼法为荣，靠违反规则获利。很多时候违背规则、礼法似乎真的没有什么风险，也不会受到惩罚，有人就越来越不把规则、礼法当回事了。在野生动物园，不能擅自下车是社会规则，老虎吃人是自然界法则，当违背社会规则的人遇到了吃人的老虎，惨剧就无可避免。遵守规则、礼法不仅是为了尊重他人，也是为了保护自己。如果每个人都不在乎规则、礼法，社会就会变成一个弱肉强食的丛林社会，危机四伏，寸步难行。

不难发现，现在的校园，如今的学生，规矩意识也逐渐淡薄。特别是进入初中后，一些不良行为时有发生，小到迟到翘课，大到上网、校园欺凌、离家出走，屡屡触碰规则纪律甚至人生的底线。假如他们带着这样的习性踏入社会，必将是踏破规矩的践行者，伤及的不仅是自己，还有他人。

因此，规矩习惯的养成，规矩的意识培养，显得尤为重要。

英国的斯宾塞说："教育为未来生活之准备。"中国的李壮认为：

43 ▶ 送给孩子一生随行的能力（品质）之规矩

"教育是强迫或引导被教育者接受特定的知识、规矩、信息、技能、技巧等。"鲁迅说："教育是要立人。"

基础教育是面对人的教育，指向的是多年以后走向社会的人，是培育适应社会需求的人和培养改造推动社会发展的人。今天的教育就是为了明天的生活而准备的，所以，教育的主要目的就是立人，就是交给孩子一生随行的能力，让他们获取生命的幸福，健康成长。

遵守规矩是立人的基础，是伴随孩子一生的能力。学会遵规守矩，人生才不会偏离方向，才能行稳致远；学会利用规矩，才能推陈出新，创新发展。因此，规矩教育应当成为学校德育教育的一个重要主题，在学生中广泛而深入地开展，让心如规矩，志如尺衡，正如直绳的意志品质和行为能力，真正外化于行，内化于心，一生随行。

古人云："千里之堤，溃于蚁穴。"一些在人们眼里微不足道的小事情，其结果往往会导致很严重的后果。物是如此，人更是如此。今天的规矩教育就是为明天的人生定点调向纠偏，导向正确的人生航道，驶向梦想的大海。

规矩教育要从小事抓起，从进入校门、走进教室抓起；从一次作业、一次打扫卫生抓起；从一句老师好、一声对不起抓起；从一次迟到、一次乱扔垃圾抓起……教育孩子们讲守则规范，做文明学生，让秩序、规矩、纪律、法治的观念入心入脑，真正为孩子的终身发展奠定坚实基础。

如果生活上不拘小节，不遵守秩序，不讲究规矩，思想上就会放松警惕，行为上就会放纵自己，最终滑入罪恶的深渊。心存敬畏，待人友善，社会就是一个乐园；忽视规矩，蔑视法纪，社会也会成为一个"疯狂动物园"。

规矩，教育应有的颜色，孩子一生随行的能力。

44 | 送给孩子一生随行的能力（品质）之习惯

习惯是滋润生命成长的沃土，好习惯就是好土地，一个人的成长就像一粒种子，正是那片好土地得以成就种子的萌芽和生长。

近年来，随着社交媒体的迅速发展，几乎一夜之间涌现出大量的"低头族"，然而，手机在给人们的生活带来便利的同时，不良的使用习惯也引发了许多安全事故。

江苏泰州，一名范姓女子骑着摩托车，一头撞上旁边驶来的一辆轿车，腾空而起，重重摔在地上。民警调看监控，发现范女士骑摩托时不时低头——她竟一边骑摩托一边玩手机！才导致了这次的事故。

2016年上海交通部门统计，1～10月，上海市共发生致人死亡交通事故690起，其中由开车接听电话、玩微信等"其他妨碍安全行车的违法行为"引发的死亡事故高达204起，占29.6%。南京日报记者调查：5分钟内看到8个人边看手机边过马路，平均每个月因手机引发的交通事故要有 200 多起。据民警介绍,在几年前,很少遇到手机引发的交通事故,比较常见的也就是开车打电话。而现在,刷微博、聊微信、看新闻、抢团购,甚至打游戏……他们在处理事故时,经常遇到这样时时刻刻沉溺于手机的交通肇事者,且呈快速上升趋势。

"低头族"已逐渐成为道路交通安全新隐患。据美国一项研究指出,边玩手机边走路,平均速度会减慢 16%～33%,而且大脑会减少接收周围环境的信息,使得事故发生的概率比正常情况高出好几倍。此外,一些司机觉得开车时瞄一眼手机只需两三秒,不会影响安全,然而,当车在市区里以每小时 40 千米行驶时,2 秒钟可驶出 22 米左右,这距离足以发生任何交通事故了。

不仅如此,连日来,"母亲水中玩手机,孩子几米外溺亡""少年夜间走路玩手机,失足落水溺亡""女子走路只顾低头玩手机,结果悲剧了"等媒体报道,更是触目惊心。

因为习惯,一些"低头族"再也无法抬起头来。

对于习惯,英国著名的教育学家洛克说:"一切教育都归结为养成儿童良好的习惯。"我国著名教育学家叶圣陶认为,教育就是养成良好的习惯。

习惯就是人们积久养成的一种生活方式,是稳定持久的一种行为倾向。习惯有好坏之分,每个人身上有很多好的习惯,也有不少不良的习惯。习惯影响人一生的发展。通过改变习惯,我们能够重塑人的第二天性,从而更换角度展现人的天性,并因此形成稳定的价值观,塑造良好人格,创造幸福完整的人生。中国著名的教育家、儿童心理学家陈鹤琴说:"人类的动作十分之八九是习惯,而这种习惯又大部分是在幼年养成的,所以在幼年时代,应当特别注意习惯的养成。但是习惯不是一律的,有好有坏。习惯养得好,终生受其福;习惯养得不好,则终生受其累。"

习惯是自然能力。习惯是一种能力,适应社会的能力。习惯需要养成转化,须遵循一定的路径。一般从认识开始,转化行为,接着养成行为,最后固化行为。第一阶段是学习认识到这是一个好习惯,把我们的思想认识变成我们的一种行动意识。第二阶段就是习惯养成。这一阶段相对漫长,并且因人而异,在完成了"习惯养成"之后,进入最后一个阶段"习惯固化"。在"习惯养成"阶段,至少需要21天以上的行为固化,它需要不断地调整,不断地强化,以使行为方式逐渐固化下来;当"习惯养成"之后,就以"几乎非自觉的行为"呈现出来,不需要任何一点意志的参与,最终成为一种自然的能力,影响人的一生。

习惯是生活方式。人们常说,播种一种观念就收获一种行为,播种一种行为就收获一种习惯,播种一种习惯就收获一种命运。习惯是养成教育的产物,它往往起源于看似不经意的小事,却反映了一个人的品质和素养。一名记者采访一位诺贝尔奖获得者,问:"您在哪所大学学到了您认为最重要的东西?"这位诺贝尔奖获得者平静地回答:"在幼儿园。"记者接着问:"您在幼儿园学到了什么呢?"诺贝尔奖获得者说:"学到把自己的东西分一半给小伙伴;不是自己的东西不要拿;东西要放整齐;饭前要洗手;要诚实,不撒谎;打扰了别人要道歉;做错了事情要改正;大自然很美,要仔细观察大自然。我一直按幼儿园老师教的去做的。"这位诺贝尔奖获得者的话可能有些偏颇，但从他的回答中至少让我们得到如下启示：习惯决定一个人能走多远。有人说，优秀是一种习惯。在幼儿园里让他学会了饭前洗手、观察大自然等优秀的习惯，这些同样与他后来的成功分不开。现在学校教育最重要的是要培养学生的各种良好习惯，一旦习惯养成了，还怕做不好事吗？

习惯是方寸人生。培根曾说过："习惯真是一种顽强而巨大的力量，它可以主宰人生。"是的，从来没有谁一出生就有着异于常人的能力，也没有谁是莫名其妙就成功的，而成功的秘诀恰恰在于平时生活中一点一滴的好习惯的积累。养成习惯成就人生。许多年前的日本，一个妙龄少女来到东京帝国酒店当服务员，这是她涉世之初的第一份工作。她很激动，暗下决心：一定要好好干！结果被上司安排去洗厕所。一听到这个消息，她又羞又气，几乎要夺门而去。这时，一位同事走进厕所，看见她不停啜泣的样子，便关切地问道："你怎么了，遇到什么难处了吗？"她流着眼泪说："我不明白公司为什么要安排我做这么低贱的活。"

同事卷起袖子，拿起马桶刷和抹布，为她做起了示范。只见同事一遍一遍地擦洗着马桶的每一个地方，从里到外，从外到里，那马桶很快变得光亮如新。这时，同事做了一个让人吃惊的举动：用杯子从马桶里舀了一杯水，一饮而尽。看到此情此景，她完全惊呆了。这位同事用自己的实际行动给她上了一堂有意义的课，她用坚定的语气对同事说："前辈，谢谢您的指点。我会努力成为一个最出色的洗厕所的人！"

从此以后，她像这位同事一样把洗厕所当作一件最重要的工作去完成。苦练了一段时间之后，她刷洗过的厕所甚至比同事刷过的还要干净。最终，她走上了政界，当上了邮政大臣。她的名字叫野田圣子。野田圣子从洗厕所到邮政大臣的故事告诉我们，敬业是一种态度，更应该成为一种习惯。敬业能让人充满自信，勇于面对困难，排除障碍；习惯会让我们毫不吝啬地把自己的精力、热情和忠诚投入自己的工作中，会有意想不到的收获，成就非凡的人生。

无数人感叹天赋的差异，教育造成的差别却远远超出先天的禀赋；无数人强调知识改变命运，却常常忽视比知识技能更为根本、更为隐形、更能决定命运的，是一种关键力量——习惯。

习惯是第二天性，良好习惯对人的一生具有决定性的意义。

习惯，教育应有的姿态，孩子一生随行的能力。

45 | 送给孩子一生随行的能力（品质）之责任

人是带着责任来到这个社会的，责任从某种意义上来说是一种能力，一生随行的能力。陶行知说过，千教万教教人求真，千学万学学做真人。教育就要培养带着责任感的真人。

责任，百度汉语解释：应尽的义务、分内应做的事；应承担的过失。责任是一种职责和任务，是身处社会的个体成员必须遵守的规则和条文，带有强制性。它伴随着人类社会的出现而出现，有社会就有责任。在社会的舞台上，每种角色往往意味着一种责任。

责任是一种角色的使命。人从生到死的一个生命轮回，扮演着不同的角色，也分别承担个人的、集体的、家庭的、组织的、社会的等不同的责任。角色是伴随着成长而转变的，但是，唯一不变的是角色所应负有的责任。学校的学生，刻苦学习文化知识技能、锤炼品格、锻炼能力、尊老爱幼是你的责任；单位的职员，爱岗敬业、认真工作、完成任务是你的责任；家庭的家人，照顾好家庭成员、孝敬父母、经营好家庭,这是你的责任;社会的成员,你要爱国守法、诚信友善、勇于担当,这是你的责任。你是农民,播种收获、勤劳致富是你的责任;你是工人,安全生产、技术革新是你的责任;你是教师,教书育人、为人师表是你的责任;你是医生,救死扶伤、治病救人是你的责任;你是军人,保家卫国、守卫和平是你的责任……大了说,社会上形形色色的分工里,或大或小,每一个角色都有对应的职责和任务;生活中平平凡凡的岗位上,或轻或重,每一个职位也都有相应的职责和任务。小了说,一个家庭、一个单位甚至一个车间、一个科室……也由不同的岗位组成,每个岗位都有人去承担,肩负不同的职责。可以说,角色就是一种使命,时时刻刻不得不付出的一种使命。英国王子查尔斯曾经说过:"这个世界上有许多你不得不去做的事,这就是责任。"

  责任是生活的基石。责任是上天留给世人的一种考验。许多人通不过这场考验,逃匿了;许多人承受了,自己戴上了荆冠。逃匿的人随着时间消逝了,没有在世界上留下一点痕迹;承受的人也会消逝,但他们仍然活着,精神使他们不朽。1912年4月10日,世界上最先进、最豪华、最舒适的邮轮"泰坦尼克"号从南安普顿起航,开始了横渡大西洋的首航。4月14日深夜,"泰坦尼克"号在大西洋撞上冰山,2小时40分钟后沉没,由于只有20艘救生艇,1514人葬身海底,造成当时和平时期最大的一次航海事故。"泰坦尼克"号上的50多名高级职员,除指挥救生的二副莱特勒幸存,全部战死在了自己的岗位上。凌晨2点,1号电报员约翰·菲利普接到船长弃船命令，各自逃生，但他仍坐在发报机房里，保持着不停拍发"SOS"的姿势，直至最后一刻。

在泰坦尼克号纪念集会上，白星轮船公司对媒体表示：没有所谓的海上规则要求男人们做出那么大的牺牲，他们那么做只能说是一种强者对弱者的关照，这是他们的个人选择。

《永不沉没》的作者丹妮·阿兰巴特勒感叹："这是因为他们生下来就被教育，责任比其他事情更重要！"

爱默生说：责任具有至高无上的价值，它是一种伟大的品格，在所有价值中它处于最高的位置。俗话说，责任重于泰山。责任是生活依靠的基石，人不能逃避责任，对于自己应承担的责任要勇于承担，放弃自己应承担的责任时，就等于放弃了生活，也将被生活放弃。人可以不伟大、可以清贫，但我们不可以没有责任。任何时候，我们都要扛起肩上的责任，扛着它，就扛起了生命的追求与信念；扛着它，就扛起了人生的美满与幸福。

责任是一种情怀的担当。责任始终是华夏子孙涌动内心的一种伟大情怀和历史担当，成为人们的一种价值追求，也成为衡量一个社会、评价一个人的重要考量。古往今来，多少英雄好汉留下了负责任有担当的美名，用满腔热血谱写了一曲曲充满责任情怀的大义之歌。"天下兴亡，匹夫有责。"顾炎武告诉我们，作为中华儿女对国家责任的不可推脱。"凡是我受过他好处的人，我对于他便有了责任。"梁启超用最朴实的道理做出了最庄严的承诺。"真正进步的人绝不以'孤独''进步'为己足，必须负起责任，使大家都进步，至少使周围的人都进步。"邹韬奋内心涌现的热情挑起了社会的责任感。"为中华之崛起而读书!"周总理喊出了振兴中华的历史责任。"人生须知负责任的苦处,才能知道尽责任的乐趣。"梁启超的这句话提醒着我们,对自己的生活充满信心,勇敢承担起责任和义务,一个勇于承担责任的人,会因为这份承担而让生命更有力量。"先天下之忧而忧,后天下之乐而乐。"北宋政治家、文学家范仲淹把国家、民族的利益摆在首位,为祖国的前途、命运担忧分愁,为天底下的人民幸福出力,表现出了他的远大政治抱负和伟大胸襟胆魄的历史担当……灿烂星河中,多少历史人物胸怀大义、肩挑责任、担当使命、先忧后乐,创造了中华文明史上闪烁异彩的精神财富,成为流淌历史的风流人物。

责任是分内应做的事情,是应当承担的任务,是应当完成的使命,是应当做好的工作。对内是一种担当,对外是一种义务,社会需要它,人民需要它,民族更不能缺少它。责任能激发人的潜能,也能唤醒人的良知。给人责任,也就给了信任和真诚;有了责任,也就成就了尊严和使命。责任对于一个人的成长非常重要,是人生必修课,是不可缺少的生命元素,有这一课生命才完美,人生才有意义。责任教育是育人工程、立人教育,是学校教育不可或缺的重要内容。有担当的学校应当承担起培养学生责任教育的使命,把责任教育作为德育工作的重要内容,深化责任意识、强化责任感、固化责任担当,让责任教育融入学生人生观、世界观、价值观的教育全过程,在孩子们的心中种下一颗"责任"的种子,真正养成具有强烈责任意识和使命担当的优秀道德品质,坚定人生的步伐,扣好人生的扣子,为未来发展打下坚实的人生基础。

责任是一副落在每个人身上的担子,我们一头挑着责,一头肩着任,责是生命,任是人生,我们挑起担子就是用生命的责任书写有责任的人生。

责任,教育应有的气息,孩子一生随行的能力。

46 | 送给孩子一生随行的能力（品质）之友善

人的一生会接受各种各样的教育，基础教育阶段对于生命成长来说至关重要。教育家说，教育即生活，生活即教育。那么，我们在生活中要学会哪些教育？或者说，在教育中要获得哪些能力来面对生活呢？

一碗汤面，一个真实的故事。

故事发生在除夕夜日本札幌街上一家"北海亭"的面馆里。日本人除夕夜吃面就像中国人吃饺子一样，是非常重要的一个习俗。这一天大家都早一点儿赶回家过年，老板娘正打算关店的时候，一个女人带着两个小男孩走进来。

"请坐！"听老板这么招呼，那个女人怯怯地说："可不可以……来一碗……汤面？"背后的两个孩子不安地对望了一眼。

"当然……当然可以，请这边坐！"

不一会儿吃完了，付了150日元，母子三人同声夸赞："真好吃，谢谢！"并且微微地鞠了一躬，走出面馆。"谢谢你们！新年快乐！"老板和老板娘同时这么说。

连续三年的除夕夜，母子三人都到北海亭面馆要一碗面，一起吃得津津有味。心细的老板娘可能发现了什么，每次都故意在那碗面里多放一团面。

十几年过去了，今年除夕夜，两个青年穿着笔挺的西装，手上拿着大衣走进来，老板娘正准备说"抱歉，已经客满了"的时候，有一个穿和服的女人走进来，站到两个青年人的中间。

"你们……你们……"

看傻了的老板娘说不出话来。

其中一个青年望着不知所措的老板娘说："我们母子三人，曾在14年前的除夕夜叫了一份汤面，受到那一碗汤面的鼓励，我们母子三人才能坚强地活下去。"

他在一篇作文中说出了曾经的苦衷：爸爸出车祸了，留下很多债务，为了还债，妈妈从早到晚拼命工作。除夕夜，我们母子三人共同吃一碗汤面，三个人只叫一碗汤面，面店的伯伯和伯母竟然还向我们道谢，并且祝我们新年快乐！那声音好像在鼓励我们，要坚强勇敢地活下去，赶紧把爸爸留下的债务还清！

如今，孩子都长大成人，一家人也过上了幸福的生活。

一碗汤面的故事告诉我们：不要忽视自己对这个环境的影响力，无论什么时候都要心存善念，也许你那发自内心的真诚的关怀，表面看微不足道，却能给别人带来无限的光明。

再来看这样一个故事。

在一次国会选举期间，美国第 25 任总统威廉·麦金利经常被一个记者如影随形地跟踪。麦金利对这个人感到很是恼火，可内心倒是禁不住暗暗"钦佩"其攻击自己的那种执着劲儿。

一天，麦金利坐着马车去附近一个小镇演讲。天气异常阴冷，没走多远，麦金利就听见后面传来熟悉的咳嗽声，回头一看，原来是那个正患感冒且衣着单薄的记者，坐着简陋的马车尾随而至。麦金利吩咐车夫停下，下车走到记者跟前，说："年轻人，从你的座位上下来。"记者走下车，心想这个政敌报仇的时机到了。"拿着，"麦金利脱下自己的大衣递给记者，"这件大衣你穿上，坐进我的马车里去。""可是，麦金利先生，"记者颇感意外地说，"我想你大概不知道我是谁。这次竞选我一直对你紧追不放，每次只要你一发表演说，我就会在报上骂你，我今天过来就是要尽我所能将你置于死地的。""我知道，"麦金利微笑着说，"不管怎么说，你穿上这件衣服，先坐进那辆车里暖和暖和，等会儿你好打个漂亮仗。"结果，从那以后，这个记者再也没有发表过一篇诋毁麦金利的文章。

故事告诉我们一个道理：世界上最远的距离是无情的冷漠，最近的距离是友善的心灵。友善是人际交流的公共名片，因为它能真正使人体会到尊重和温暖。没有人会拒绝友善所带来的温暖，所以，当你试图打开对方的心扉时，友善是最快、最有效的方式。

这是生活中的教育，我们读完这个故事感觉心里暖暖的，一碗面给一个家庭带来生的希望，一件大衣化"敌"为友，温暖人心，这就是友善的力量。可是现实生活中偏偏有些人以邻为壑，与善为敌。比如最近发生的几起恶性事故：威海"5·9"客车纵火案。

该车司机丛威滋实施了这起个人极端严重的暴力犯罪案件，车上11名儿童不幸遇难，司机当场死亡，随车女教师经抢救无效离世。"6·22"蓝色钱江放火案。据犯罪嫌疑人莫焕晶供述，其在客厅用打火机点燃茶几上的一本书，扔在布艺沙发上导致火势失控，后逃离现场，造成被害人朱某某及其3名子女一氧化碳中毒，抢救无效死亡。常熟"7·16"纵火案。凌晨4时左右，江苏常熟虞山镇漕泾2区74幢（员工租住宿舍）发生火灾，造成22死3伤。经公安部门调查取证，这是一起纵火案，嫌疑人姜某某（该公司员工）已被抓获。

一正一反，构成了鲜明的对比。正向永远迎来的是善良，反向永远面对的是邪恶。友善是一种力量，一种健康向上的力量。教育要在孩子们内心深处种植友善的道德品质，一生随行。

友善是最美的传统。友善是中国传统文化的重要范畴，孔子仁爱的思想就包含了友善的重要内容。孝悌是仁爱的核心，孝是对父母的敬爱，而悌则是对于兄弟姐妹的友爱，孝悌是友善的发端与出发点。孝悌格天的感人故事，源远流长。孟子提出："水信无分于东西，无分于上下乎？人性之善也，犹水之就下也。人无有不善，水无有不下。"在孟子看来，人性本善。在道家思想文化中，友善在更高的维度得到了印证。比如老子倡导上善若水的人生道德智慧："上善若水。水善利万物而不争，处众人之所恶，故几于道。居善地，心善渊，与善仁，言善信，政善治，事善能，动善时。夫唯不争，故无尤。"与人为善既是利人也是利己的一种美德与人生智慧。相对于儒家的孔孟之道，老子更强调友善的形而上之智慧。

所以，友善也可以理解为中国古代倡导的一种人生智慧，它在现代中国的道德文化建设中具有重要的意义与价值。

友善是最真的生活。友善是生活的色彩，生活丢掉色彩，社会就会暗淡无光；友善是沟通的桥梁，生活没有桥梁，人生就会处处碰壁；友善是人生的方向，生活丢掉方向，生命就像迷途的羔羊。友善是人与人之间最朴素的情感传递，是你我之间最真的情感、最纯的友谊。你伸出友善的手，我会张开温暖的怀抱；你打开友善的窗户，我会敞开心灵的大门；你送来友善的笑脸，我会还您奔放的热情。友善是最好说的语言；友善是最好行的小事。别人落难时你一次平凡的相助，他人委屈时你一句暖心的安慰，路人跌倒时你不经意的一次扶手，孩子受困时你不假思索的一次挺身……这些都是友善的表达，这些才是温暖的生活。

友善是最暖的教育。友善是学校德育教育的重要一课，是德育课程的灵魂，是有温度的教育。它是立人的标签，是迈向社会的道德毕业证，是生命健康成长的核心素养。王国维说，教育之宗旨何在？在使人为完全之人物而已。虽然没有完人，但是，道德是通向完人的必修课。"然有知识而无道德，则无以得一生之福祉。"从中可看出王国维对修德的重视。心存善念，身有善行，是在修身修德，友善修德是迈向完人的必经之路，是人生之福祉。2013年12月，中央办公厅印发《关于培育和践行社会主义核心价值观的意见》，将"友善"列入公民个人层面的价值准则，从国家高度倡导友善的人际关系。这是开展德育教育的最佳窗口，学校要让"友善"这一价值观在校园在课堂落地扎根，让"友善"之花开遍校园，芬芳袭人；让"友善"的血液融入每个学生的生命；让"友善"的力量温暖人们前行。

"大学之道，在明明德，在亲民，在止于至善。"友善是人们向往的追求，友善是人们奔向的目标。生活中，人与人之间永远连着一个"善"字，一头连着温暖，一头系着和谐。

友善，教育应有的温度，孩子一生随行的能力。

47　送给孩子一生随行的能力（品质）之抗挫

"曾经多少次跌倒在路上，曾经多少次折断过翅膀，如今我已不再感到彷徨，我想超越这平凡的生活，我想要怒放的生命，就像飞翔在辽阔天空，就像穿行在无边的旷野，拥有挣脱一切的力量……"

生命是一段成长、一段旅程。成长的路上难免会有挫折，旅程的途中避免不了荆棘，关键是我们要有披荆斩棘战胜挫折的信心和勇气，风雨过后，才会拥有挣脱的力量和怒放的生命。

信心和勇气来自哪里？

今年中考前夕，长春市公安局110指挥中心接到警情：市民赵先生称，正在某中学读书的女儿赵某突然失踪，请求公安机关予以查找。三天后，又一家长报警，称自己的儿子、正在上中学的孙某也失踪了。失踪孩子牵动着社会各界，最终在某小区找到了两名出走学生。据了解，两名学生因为考试压力过大、与家人沟通不畅等原因，赌气离家躲在朋友家中。

　　妈妈，我走了，你不用来找我了。因为学习已经成为我们小学生的压力，我不希望在这样的环境里生活！你们就当没有生过我这个女儿！请不要再把压力给我们小孩子了！！！再见爸爸妈妈哥哥！

　　　　　　　　　　　　　　　　　　——爱你们的女儿

　　浙江杭州下沙一所小学11岁的女孩小李留给妈妈一张字条后离家出走。妈妈说：女儿的学习成绩很好，在班里经常考第一名，每年有奖学金，因此她对女儿抱有很大期望。

　　近年来，孩子离家出走的消息不绝于耳，更有甚者，做出了"永不回头"的抉择。

　　因上课玩手机，泉州一八年级男生在被老师和家长说了几句后，竟选择了跳楼，令人惋惜。苏州14岁八年级学生受老师惩罚，一时感到委屈，从教学楼4楼跳下，经抢救无效身亡。沈阳17岁女孩，最近有一次考试不太理想，情绪一直不太好，趁母亲不注意，突然从自家12楼阳台窗户跳了下去。沙河口区，一名14岁男孩从6楼坠下，在被送医的途中仍在喊："别救我！"每年高考前后更是一个敏感的时期：高三女生模拟考试后压力太大，绝望割颈自杀；高中生因厌学服毒自杀，写4封遗书诉说压力大；面临高考的巨大压力，高三学生两度自杀；一高三男生因成绩不佳，压力大，卧轨自杀被救；两名女高中生，在写下遗言后，拥抱着从楼顶跳下；某市高二的学生从学校宿舍楼 6 楼跳下，结束了自己 18 岁的生命……

痛定思痛，分析戳痛家长的每一个真实案例，不难发现，孩子抉择前的那一刹那，压力、责难、批评时时在撞击着心灵；痛苦、委屈、绝望刻刻在敲打着内心。孩子无助无望、坠入泥潭的时候，你的一句不经意的话、一个不恰当的举动，甚至一个冰冷的眼神都会成为压倒孩子生命的那根稻草，彻底击倒那颗天真纯洁的心，彻底关闭渴望温暖、祈求相助的心门。那一刻，孩子多么希望有一双温暖有力的手张开在他胸前；那一瞬，孩子多么期盼有一个熟悉的身影带他走向希望。痛定思痛，拨开事件本身，我们深切地感到，出走、自杀的发生都隐含着一个无形的推力——伤心至极、绝望之至。我们无法想象孩子们出走、自杀的背后究竟背负多大的压力？又是从哪儿来的勇气？

孩子为什么会选择出走、自杀？

美国宾夕法尼亚大学经过 30 年的研究发现，挫折与困难面前决定一个人成功与失败的关键在于人的心理弹性能力，俗称抗挫力（Resilience）。抗挫力犹如个人的心理自我免疫系统，不仅保护自己免受困难与挫折的侵蚀，还能提高生命的动力，以勇气与智慧去探索未知的世界。

孩子在成长的过程中缺少了这种生命元素——抗挫力。这些案例大都发生在青春期，这个时期的孩子特别敏感，正是生理心理发展的关键期、成长的叛逆期、思想行为走向成熟的动荡期，他们在面对挫折的情况下往往会失去自我控制和调节的能力，变得不堪一击，减弱或没有了抗挫力。面对来自学习的压力，心理弹性能力差；应对周围复杂的环境，行为忍耐度弱，往往不知所措，慌张草率地给出答案。这类孩子一般是具有较好的智商、情商，但缺少了挫商的修炼。

20世纪50年代，美国心理学家阿尔伯特·艾利斯定义过一种症状——"低挫折忍耐度"，就是"挫商"低。艾利斯认为，许多当代人已被"宠坏"，无法容忍事情有丁点儿不顺。稍不称心如意，低挫商者立刻觉得这种事不但根本不该发生，而且绝对不可接受，此外，更必定导向灾难性的后果。这种思维定式将要付出不必要甚至痛苦的代价。轻者产生焦虑、抑郁、愤怒等负面情绪；往前发展就是逃避痛苦，出走；重者采取不理智的行为决策，自杀。

避免这种行为的出现，就要在孩子的身体里种上抗体——抗挫力，熔炼他们的心理弹性能力。这是一种生命的防御能力，是成长的自我免疫能力，是孩子一生随行的能力。其目的就是让孩子拥有实现伤口自我愈合的能力，遇到挫折时，机体会自动开启免疫功能，选择切换思维程序，进入自我调节与保护模式。如今的孩子在"一切为我，为我一切"的家庭教育背景下，缺少的就是这一针"疫苗"。

如何接种"疫苗"？

认识挫折。这是生活不可或缺的一课。困难、挫折无处不在，随时而来。人的一生就是伴随困难挫折而来的，时时处处、时时刻刻都会迎来，躲不过去，要有时刻面对和积极应对的思想意识。学习、工作、生活中，总会有一些不顺心顺意的事情，或大或小，不期而遇，这是常态。人生没有一帆风顺，成长不会风平浪静，人生就是一条风雨路，风景在前方，挫折在沿途。既要学会欣赏眼前的风景，又要从容应对身边的挫折。更重要的是明白成功和失败的真正含义。成功是战胜自我，而不是把别人打倒。失败是成功的前夜；失败是迎接成功的礼物；失败是成功留给你的最后一滴眼泪；跌倒不算是失败，爬不起来才算是失败；行走不算是成功，坚持才算是胜利。成功是失败的华丽转身，失败是成功羞涩的身影。失败从成长的角度说就是一种成功，没有失败，何谈成功。

品味挫折。这是送给孩子成长的最好礼物。品味挫折之苦涩，方知成功之醇香。没有品味挫折，就没有成功。挫折是生命历程中的必修课；是修炼身心、突破自我的成长课。教给孩子正确的挫折观。青春期的孩子大脑皮层没有发育完全，认知、判断能力不成熟不稳定，冲动行为控制能力较低，在困难和失败面前，情绪影响行为占主动，不能以正确的思维对待失败和挫折，容易做出极端行为。因此，家长要引导孩子从失败中吸取教训，从挫折里找经验。家长和教师要做良医，有道是良医治未病。挫折是一剂良药，良药苦口利于病。平时，就要给孩子服用"挫折"良药，有意识地将孩子的失败作为教育的契机，引导孩子重新鼓起勇气大胆自信地尝试痛苦，体验失败，经受压力，磨炼意志，锤炼品格，让生命逆向生长，逆境生存，这样才根深蒂固，生命更有能量，成长更有力量。

应对挫折。这是走向成功的必经之路。中国有句古话，"失败是成功之母"，因此，只有正确应对挫折才能成功。要培养孩子阳光的心态、健全的人格。有积极面对的勇气，有不怕跌倒不怕失败的自信，让阳光的心态、开朗的性格、活力的青春，积极主动地投入学习工作中。孩子要经得住批评，容得下缺点。同一挫折对不同的孩子产生的心理反应不同，对自尊心强的孩子多鼓励；缺乏自信的孩子，多加安慰，发现长处，创造机会，增强信心。要学会自我控制，提高挫折的承受力。一个人挫折感的强与弱，并非由挫折的大小所决定，而由个人承受挫折的心理能力决定。只有加强挫折心理锻炼，才能最终战胜挫折。学会控制情绪，修炼自己的逆商，马上就会找到适当的方法打散负面情绪的集中点，让正面能量自觉抵消挫折感。

英国哲学家培根说过："超越自然的奇迹多是在对逆境的征服中出现的。"没有河床的冲刷，便没有钻石的璀璨；没有挫折的考验，也便没有不屈的人格。

失败也美丽，挫折亦风景。

挫折，教育应有的坚强，孩子一生随行的能力。

48 | 送给孩子一生随行的能力（品质）之沟通

开学第二周，罗谋樊回四川老家上学了，临走之前她送给我一幅素描画，是她用铅笔画的，一个长发少女手捧鲜花漫步在花园，正在享受身边的美好。

接过这幅画，细细品读，画中的束发少女不就是罗谋樊吗？

罗谋樊是班上的一名女生，是外来务工子女，老家在四川，三年前父母来到山东临沂半程镇的一家工厂打工，罗谋樊就读当地的小学、中学，今年升入八年级。

我心里明白，罗谋樊一直想回老家上学，七年级下学期就有了这种想法，多次要求妈妈转回老家。也许是地域、语言、生活环境的改变，罗谋樊内心一直游离在同学们的圈子之外，她没有"走"进这间教室，也没有融入这个群体。一个课桌的方寸之地就是她的内心世界，一张纸的边框之间就是她的人生舞台。课间，她只能用画笔描绘内心的梦想，经常一天听不到她说一句话，不与同学沟通，不与外界交流，把自己封闭在一个人的世界里。时间长了，自然被同学们贴上了"另类"的标签，忽略在教室那个冰冷的角落里。

也许是语言环境的障碍，罗谋樊缺少了表达的机会；也许是生活环境的原因，罗谋樊失去了沟通的渠道。她变得更加孤独，显得更加内敛。作为一名教育者，我深知，初中生在身心发展的关键时期，培养沟通表达能力是多么的重要，这一课在孩子一生中是不能缺少的，甚至决定了生命成长的方向和未来。

人是社会性动物，如果想在社会上很好地生存和发展，有持久的竞争力，那么，真实恰当地表达自我感受和自我需求，良好的人际交往能力是必不可少的。我认为，生活学习中简单的沟通和表达体现在三方面：一要说得出；二要听进去；三要演得好。

说得出。这是沟通的第一步，要准确地表达你所想说的，简单说来就是学会说话。事实上，我们大多数人花费50%～70%的工作时间在沟通，而人与人之间的交流沟通80%是用语言来进行的。有研究数据表明，我们工作生活中70%的错误是由于不善于沟通造成的，可见，生活中有效准确的沟通表达是多么的重要。

从某种程度上看，沟通能力对于后天的成功，其重要性甚至超越了你的专业知识。实践表明，成功的因素85%靠沟通和人际关系，15%靠专业知识和技术。马云，他既不是IT专家也不是技术专家，本科学的是英语，而今建立了庞大的"阿里帝国"，良好的沟通能力和人际关系必不可少。

让我们分享一个故事。有一个地主老财，有两个儿子。他生病临死之际,需要决定由谁做继承人。于是他心生一计,分别给两个儿子做了个测试:首先,他带大儿子到田里,看到远处一位牧牛人和一群牛。地主支使大儿子去询价。老大照办,回来汇报:"爹,牛卖10块钱一头。"地主问道:"公的母的一个价?""糟了,忘问了。"于是大儿子又跑一趟,回来告诉他爹:"公的10块一头,母的12块。""那咱最多能买多少头?"就这样来来回回好几趟,大儿子才完整带回了所有信息。

随后,地主带着二儿子走到田里,做了同样的测试。地主支使二儿子去向牧羊人询价。二儿子回来说道:"这群羊中有30只母的,70只公的,共100只。公的比母的贵20%。如果三天内交齐100只的订金,总价就能打七折,三天后交订金打八折。所以爹,我觉得咱们应该今天就交全部100只的订金,因为好多母羊都快要产崽了,现在订不仅便宜还能免费得到小羊。"

这是一个浅显的小故事,背后却蕴含了沟通中非常关键的技巧。你虽然无法判断二人的智力水平,但恐怕所有人都会选择二儿子做继承人。二儿子之所以能脱颖而出,只不过因为他在思考时先人一步,更全面地收集了资料,做出了更加有效全面的沟通,准确地表达了想说的内容,为下一步的决策判断提供了有效的信息,也为自己的成功奠定了基础。既能说得出,又能说得全,还能说得准,这才是有效的沟通。

听进去。就是学会倾听。如果说出来是成功的左手,那么听进去就是成功的右手。既要能说得出,更要能听进去。只有两手紧紧连在一起才能架起友谊的桥梁。有人统计:工作中有四分之三的时间花在言语沟通上，其中有一半以上的时间是用来倾听的。绝大多数人天生就有听力（听得见声音的能力），但听懂别人说话的能力，学会倾听，则需要后天学习才会具备。

善于倾听是一种能力素养，如何学会更有效地倾听？

倾听大体可以分为三种层次。第一个层次是表层倾听。听者完全没有注意说话人所说的话，假装在听，其实却在考虑其他毫无关联的事情。第二个层次是理解倾听。听者主要倾听所说的字词和内容，不吸收讲话者的语调、身体姿势、手势、脸部表情和眼神所表达的意思。第三个层次是融合倾听。倾听人善于在说话者的信息中寻找感兴趣的内容，切入交流语境，融入对方的情感。一个人从层次一成为层次三倾听者的过程，就是其沟通能力、交流效率不断提高的过程。

如何实现高层次的倾听呢？通过非语言行为，如眼神、表情、姿势和语调，建立一种积极沟通交流的氛围，带着理解和相互尊重，走进对方的内心，才能产生共鸣。让说话者觉得你是在感受我的内心，体验我的情感，融入我的情绪。这样才能在说与听之间快速连接，顺畅沟通。

演得好。沟通和表达是一种能力，也是一种艺术，不仅体现在语言艺术的内容上，也展示在行为艺术的内涵里。声音和动作都是一种语言，沟通的媒介。一次成功有效的沟通，就是一次高品质的个人语言、行为、思想、情感的展演，一次个人魅力和素质的展示。第一印象不仅是靠语言制造的，还有你的肢体语言、神态和服装等。数据显示，高品质的沟通中用字遣词占7%，声音、语调占

38%，表情动作占55%。可见语言之外信息传递的重要性。

美国历史上著名的总统林肯就是一位优秀的演讲者，可以说是口才改变了他的人生以及一个国家的命运。林肯为了练口才，徒步30英里，到一个法院去听律师们唇枪舌剑的辩论，他欣赏律师们的雄辩口才、绘声绘色的辩护和雄浑有力的手势。他一边倾听，一边模仿。他经常到布道现场，聆听教士们扣人心弦的说教，观察他们舒卷自如的手臂，回来后也学他们的样子。为了练就口才，提高演讲水平，他对着树、成片的玉米演讲过多次。经过刻苦的努力，终于取得成功，在竞选议员与总统之前，他就曾经在法庭上做过多次辩护演讲，几度轰动全国。

在欧美一些国家的学校里，从小学就开设有各种各样的演讲和辩论课，美国的大学一二年级，演讲是一门必修课，这门课必须及格才能获得毕业证。而在国内，这门课程似乎离我们还很遥远。有些学生拒绝交流和表达，甚至相当一部分学生课堂不回答问题，而且，情况还是相当严重的。据我观察，这些不回答问题的学生大约占本班级学生的60%，接近三分之二，比例之重，令人惊讶，似乎还有继续增加的趋势。让孩子第二次学会说话是我们必须面对和改变的一个课题。

"天下快意之事莫若友，快友之事莫若谈。"沟通表达是人与人之间交往的桥梁和纽带，是一个人气质、风度和智慧最直接、最现实的表现。良好的沟通表达助人打开人际关系的大门，带来心灵的共鸣和碰撞。善沟通能填补交往的空隙，会表达会拉近心灵的距离。

也许，转学会给罗谋樊带来转机，让她打开心扉，重拾曾经的快乐和自信，拥有属于自己的一片阳光，我们更期待她有一个优美的转身。

沟通，教育应有的声音，孩子一生随行的能力。

图书在版编目（CIP）数据

让相遇成为美丽：重建孩子的世界/邵长宇著. -- 北京：
人民日报出版社，2019.1
ISBN 978-7-5115-5817-6

Ⅰ.①让… Ⅱ.①邵… Ⅲ.①教育—随笔—中国—文集
Ⅳ.①G52-53

中国版本图书馆CIP数据核字（2019）第020144号

书　　名：	让相遇成为美丽——重建孩子的世界
作　　者：	邵长宇
出 版 人：	董　伟
责任编辑：	陈　红
封面设计：	主语设计
版式设计：	大有艺彩
出版发行：	人民日报出版社
社　　址：	北京金台西路2号
邮政编码：	100733
发行热线：	（010）65369509　65369527　65369846　65363528
邮购热线：	（010）65369530　65363527
编辑热线：	（010）65369844
网　　址：	www.peopledailypress.com
经　　销：	新华书店
印　　刷：	北京鑫瑞兴印刷有限公司
开　　本：	710mm×1000mm　1/16
字　　数：	230千
印　　张：	16.25
印　　次：	2019年3月第1版　2019年3月第1次印刷
书　　号：	ISBN 978-7-5115-5817-6
定　　价：	45.00元